ENERGY FOCUS 天势世纪丛书

危机下，领导怎么办

In Extremis Leadership

[美] 托马斯·科蒂茨（Thomas A.Kolditz）著
[中] 路大虎 路言春 常梦秋 刘迪迪 译

中国青年出版社

Contents 目 录

前　言 / 1

原版序 / 5

危机领导力是每一位领导者的人生必修课 / 13

第 1 章　危机领导者的关键特征 / 1

危机领导才能排序 / 1

危机领导者是被内在激励了的 / 3

危机领导者坚持持续不断地学习 / 5

危机领导者愿意把风险和他们的追随者们共享 / 5

危机领导者和他们的追随者拥有同样的生活方式，没有特殊 / 8

危机领导者自身拥有强大的能力，同时善于激发追随者，赢得高度信任和忠诚 / 11

能力在危机下尤为关键 / 11

危机下要求领导者和追随者之间相互信任 / 14

危机下要求领导者和团队之间互相忠诚 / 18

审视你自身的领导才能 / 20

总　结 / 22

第 2 章　危机领导者的经验 / 25

从交易型领导转变成改变型领导 / 25
商界领袖从危机领导者身上能够学到什么 / 27
经验一：激励和学习一起发力时，效力最大 / 29
经验二：分担风险能够加强可信度并能够提高领导者在危机下的效能 / 31
经验三：你的生活方式告诉了追随者你的价值观是什么 / 35
经验四：开发能力的时候，你也在开发信任和忠诚 / 42
经验五：极端的危机，不论是对公司还是对个人，都能揭示出领导者和追随者真实的性格特征 / 43
经验六：你的履历和家世都是没用的 / 47
经验七：利用你自身的品质改变生命或让你的行动激发大家 / 49
经验八：领导力有效性是跟情景有关的 / 53
经验九：最好的领导者是想成为充满激情的领导者 / 57
如何将危机领导力运用到你的组织中 / 60
总　结 / 61

第 3 章　危机领导力模式 / 65

界定真正领导力 / 66
危机领导力模式是基于价值观的吗 / 68
任何时候都要认识到人类生命的内在价值 / 71
危机领导者的性格：予他人以目标、动机和方向 / 72
危机领导力对领导人发展有何意味 / 74
将理论应用到实际工作中去：危机领导者的发展 / 75
教导未来领导者养成与追随者相同的生活方式 / 91
开展挑战生理的训练项目 / 92
常规的领导者发展模式已经落后了吗 / 93

一种鼓舞人心的领导者培养方法 / 95
如何在你的组织里培养未来的领导者 / 102
总　结 / 103

第 4 章　从危机中学习情绪、恐惧和领导力 / 105

探测危机下恐惧的深度 / 106
危机下为什么要平复情绪 / 115
控制情绪不是危机下领导者的好策略 / 116
放下身段做领导 / 117
领导者应该怎样处理和克服恐惧 / 119
推卸责任的危险：指责不是一种有效的领导方法 / 122
失败主义的危险：放弃不是好的领导方法 / 126
如何处理危机下的情绪 / 127
总　结 / 129

第 5 章　在不幸中领导：学会应对损失 / 133

死亡环境下领导的要点：表示尊重 / 136
如何处理死亡事件 / 137
告诉下属，什么事你必须立刻知道 / 137
不幸发生时优秀领导力的价值 / 149
当团队发生不幸时，你如何进行领导 / 153
总　结 / 154

第 6 章　建立培养领导者的团队 / 155

团队对培养未来领导者具有特殊的价值 / 156
在团队中学习领导力：不是公平竞争，而是吸取危机经验 / 157
危机领导力的实验室 / 158
西点军校如何选择学员领导人 / 161

怎样组建一个精英团队 / 164
精英团队的领导培养者 / 170
团队发展和体制阻力 / 183
以极端方式建设领导培养者团队 / 185
总　结 / 187

第 7 章　危机领导者的体力发展要求 / 191

身体状态良好是领导者的优势之一 / 193
危机领导者需要随时都保持身体状态良好 / 194
优秀领导者身体素质的三个特征 / 196
把力量、平衡性和灵活性结合起来完成你的身体锻炼 / 202

结　论 / 205

前　言

大多领导，无论来自公共部门还是私人部门，都会面对某种形式的危机。传统领导力通常会面对权力、金钱或地位方面的危机。但当领导者在可能致命的环境中进行领导时，会发生什么呢？情况依旧如此吗？《危机下，领导怎么办》一书分析了危机环境，并且提出了一种全新的理论，来帮助你更好地理解如何在生死关头及日常生活中进行卓越领导。

托马斯·科蒂茨将那些在危机逼近时被选为领导者的人们定义为危机领导者。在极端环境下，领导力以及领导者的生命都要承担巨大风险，而这一切都是为了别人能够存活下来。随着科蒂茨深入阐释危机领导力概念，你会渐渐了解**在危及生命的环境中领导不仅需要向他人传达一种能够成功的自信，一个带大家脱离险境的承诺以及一种一切都会好的观念，同时，还要完成几乎不可能完成的任务**。以上这些准则也同样适用于商界、政界及其他任何需要面临挑战的团队。

在2001年“9·11”事件发生时，许多人都亲眼目睹了消防队员们冲进世贸大厦的火海中救人的场景。当救火单位赶到时，他们面临着一个令人畏惧的任务：从距离地面90层高的冒着熊熊大火的房间中营救出约25000人来。消防队队长带领着消防队队员们爬上110层高的、狭窄的办公楼楼梯，希望营救出那些此时此刻最需要帮助的人们。每一个消防员，无论肩负何种任务，在执行这次大胆的营救行动时，都处于危机之中。

在恐怖袭击开始后仅仅一个小时内，世贸中心的南塔便倒塌了，上级立刻命令消防队队员们前往北塔紧急疏散人员。在撤离的过程中，一名中尉让他的消防中队留在了9层，同时指引其他消防单位抵达安全地带。与此同时，一名上尉带领着他的云梯消防队帮助一名不能自己走下楼梯的妇女安全撤离。以上这些领导力的故事和那天发生的数不清的故事一起激励着我们，同时，使我们对危机领导者的性格特征产生了好奇。我们在“9·11”事件中所看到的，是人们在非同寻常的历史时刻做着寻常的事情。**这本书的目的就是教你如何在日常生活中应用这些技能。**

这些危机的环境把领导者在完成平常的甚至是不可能完成的任务中所担当的角色放大了，让我们对真正的领导力有了全新的认识。科蒂茨的研究为人们了解危机领导力的重要特征提供了第一手资料。这样的研究此前几乎没有人做过，因为调查该话题意味着将研究者置于危机下，但这样的调查却对理解处于充满危机的环境下的领导力起到了至关重要的作用。

公共服务部门工作（如警察、防暴队员、特别行动小组成员以及消防队队员等。——译者注）的人员需要比别人更深刻地理解领导力。科蒂茨的研究表明，作为一名富有经验的领导，通常会将自己置身于更大的危险之中，目的是保护经验较少的人们的安全。这种精神，和人们看到的其他的无私领导力一起，给我们的社会增添了巨大的公共价值。**这本书定义了危机领导力，并且分析了危机环境及日常事务中领导力所表现出的突发行为类型。**

在极端环境下，科蒂茨认为危机领导力存在**四项前提**。第一，这些特殊的任务是在极端环境中展开的。在那样的环境中，担当领导的人会自发地努力完成任务，除此之外，他（她）还会主动地快速审视周遭环境并且领会新的信息。有效的领导力需要在不断变换的危机环境中学习，并快速做出决定。第二，领导者和追随者应该共同分担危机。这种共同分担的危机为领导者赢得信任，而这种信任对领导者而言意义深远且影响重大。第三，尽量缩小领导者和追随者生活方式上的差距。领导者和追随者在薪资上的差异往往很小，且经常被其他价值所覆盖。第四，科蒂茨坚持认为追随者要求领导者的能力能够达到某一水平。这些前提对处于任何行业的领导者来说都至关重要。

科蒂茨提出了其他有关领导力的大部分书籍所没有关注到的内容，那就是**当一个人的真实品性被调动起来去进行领导时，会发生什么**。危机下，在某些紧张时刻，领导力经常就自然而然地产生了，**几乎没有时间抱怨环境、指责他人或自怨自艾。以上三种消极做法往往是危机领导者所承受不起的**。与此相反，科蒂茨强调，领导者要平静地应对、关注外界，理解不断变化的环境，力求找到恢复常态的方法。此时，**领导力以另一种方法展现：为人们指明目标，指出方向，使人们产生动力**。科蒂茨解释说，**领导力的真正内涵是帮助他人成功**。

无论你是紧急情况下的负责人、军官，还是商界人士，在你的职业生涯中，你都有在危机下领导的可能。科蒂茨非同寻常的故事将给你灵感，并告诉你**想要在充满挑战的环境中发挥出有效的领导力应具备的特征**。他还总结出了想要在这些环境中存活下来所必需的重要的心理和生理技能。《危机下，领导怎么办》是一本实用的指南，告诉你在你生命中最重要的时刻该如何领导。

约瑟夫·W. 普法伊费尔（Joseph W. Pfeifer）

原版序

在本书中您将会读到许多人，这些人曾将自己的生命置于真实的危机下。从他们出生入死的经历中所学到的经验教训将会永远地改变您的领导方式。

本书从身处危机的经历中发掘一手的全新的领导经验。我说它“新”就新在本书中所描绘的领导准则从未曾出现在您已读过的有关领导力的书中。这是因为本书触及到了领导力在展现过程中最具强度的一刻，即观察领导者在危机下，在可能丢掉性命的环境中展现自身的领导力。

在被领导者觉察出自身生命受到威胁的情形下，领导力的确决定了是否有未来可言，因此被领导者会极力寻找有能力的领导者来领导自己。这种危机下的情形最适合寻找并找到伟大的领导者，同时适合评估这些伟大的领导者与其他领导者的不同，搜集有关日常生活中绝佳领导者的有价值的信息。本书能使您在获得全新的视角的同时，不必将自身生命置于危机下。

在过去的三年中，我一直致力于更好地理解那些能够保证被领导者不受伤、不送命的真正的领导力。我从极限运动教练、作战部队的领导者那里以及人们对死亡作何反应中搜集经验。起初，我试图学习在危险情形下的领导力，因为我认为自己能够发现一种只能适用于军队、警察以及消防队员的领导形式，换句话说，一种只适用于危机应对组织的领导形式。但事实证明我发现的远不止如此。我发现**在生死攸关之时形成**

的领导准则能够为所有情形下的领导力提供值得深思的经验教训。

我，以及那些曾和我共过事的人，会把我们在那些少有人涉足，更少有人全身而退的地方的亲身经历呈现给大家。我们把这类地方称为危机环境，而把在这种情形下发现的领导力称为危机领导力。我们发现大胆、无误、新颖是危机领导力的几大特征，这些特征可以用来区别他们和那些因危机领导力不佳而致人死命的领导者。**我们所发现的危机下领导力的经验、教训、准则全部都能够应用于商业领导及日常领导中。**

而相反的论述也的确成立，即许多商业领导、政治领导以及日常领导的经验、教训、准则一旦应用于危机下便会立即失败。而且，颇具讽刺意味的是，这些领导力在非危险情境下表现得也不那么尽如人意。您在本书中学会的东西将有助于您远离那些虽流行但无用的虚假领导手段，让您成为更好的领导者和被领导者。

您将要踏上一段刺激的旅程

有许多原因都促使您应该读一读，并亲身体验、仔细思考一下危机领导力，原因之一就是危机领导力十分刺激。好好享受这段旅程吧。无论您将要读到的这些领导者的目标是征服高山，还是击败敌军，不论这些被领导者是身处 15000 英尺的高空并以每小时 120 公里的速度自由下落，还是准备冲进旧城区毒品库的大门，危机领导力包含的风险极高，但回报也高。本书带您进入那些过着非凡生活、做着非凡事情的人们的世界，感受他们血液中奔腾的激情。您将要进入的这个充满危险的世界是那些普通人（甚至那些比普通人略高一等的人）只能看却不能进入的世界。

愈发深入观察这些在危机下领导的领导者们是如何领导的，就能够愈发清楚地看到他们的领导方式对于各大组织日常更易碰到的挑战甚至是政治领导者们都有着借鉴意义。例如，在 2004 年美国总统大选中，一篇《纽约时报》的社论就点明了在死亡威胁面前展示领导特性的重要性："人们需要知道总统不会在面对生死攸关的抉择时晕头转向。而唯一向民众证明自我的方式是让大家知道你曾经取得过一些相关成绩。"

探索危机领导力的过程也让我们了解到，大部分危机领导者们都会舍弃自身性命来保全我们的性命，我们应该更多地了解他们这种自我牺牲的英勇行为以及坚定决心背后的本质。当危险威胁到我们所在的村镇、城市时，我们既没有时间也没有资源能够把问题暂搁一旁，讨论究竟谁该去冲锋陷阵。消防中队的中队长会带领手下冲进一栋燃烧着的房屋，特警战术队的警长会指挥着自己的团队集结在一个里面满是人质的银行门口。总之，那些冒着生命危险在公共服务部门工作的领导者和被领导者们的工资都不比平常人的工资高。所有人都应该了解这一惊人的现象。

如果您恰巧在公共服务部门工作，您会发现本书读上去像是一本教授您如何在危机下训练，如何应对危机的教科书，危机很可能随时发生在您的工作中，但也有可能极少发生，而只有在工作暴力中遇到。

然而，本书对于那些各个系统中作为普通一分子的普通读者的真正价值在于，有效地帮助他们在每天都要置身的团队中扮演好自身的角色。我们中的大多数人都不会成为一个亲历危机的盖世英雄。然而，或许我们能够做一名平凡英雄，在我们的家庭、工作单位以及所在社区成为一名优秀的领导者。**本书提供的所有信息都能够应用到任何一个组织中**。此外，为了让大家更好地理解那些经验教训，我在每部分都加上了标志性语言。如："为什么这对领导者至关重要。"还有，我在每章的结尾处都总结一下本章在危机领导中至关重要的经验和教训，而这两点都是为了更好地引导读者理解本书。

危机领导者的经验：在面临死亡威胁时要回顾过往

您即将读到的这本书的内容都来自一些真实的经历。一些人帮助我们更好地理解了危机领导力，他们包括至少8名为了调研目的而被指派到作战区的军官。然而，大部分的工作都是我自己完成的。原因有二：其一，所处的环境确实危险重重；其二，我自身军官的背景以及作为跳伞队训练员所培养出的能力可以应对险境。因此，通过观察那些危机领导者以及和他们共处危机环境中这两种方式，我学到了很多。

我将**危机领导力**定义为**在潜在危机逼近时，被领导者们坚信领导者的一言一行将会影响他们的身体健康甚至生命安康时，给予人们目标、动力、方向的领导力**。危机领导力并非一种领导理论，而是一种在特定环境下观察领导者及被领导者行为的一种方法。在这种特定环境下，领导结果不仅仅关乎成败、荣辱，更关乎健康、存亡。

这种定义下的危机领导者们更习惯、更乐于将自身置于危机下。更为重要的是，他们要在这种危机下领导他人。他们是专业的领导者，知道自己能够胜任。您难道不想从专业人士那里学习一些技巧经验吗，特别是当危机攀升之时？

这是一本真实的书，记录着我学习危机领导力的历程。同样，你也可以在这本书中，从各种危机领导者的真实经历中学习危机领导力。

我们对榜样人物的采访和实例分析都在本书的每一章中起到了至关重要的作用。

这本书用了丰富多样的领导者案例，而且是百分之分的危机案例。但是，若要充分地理解领导力的含义，只对领导者和环境进行分析是远远不够的，更要注意被领导者这个易被忽视的群体。为此，2003年4月，我和我的3个同事来到了伊拉克的乌姆盖萨尔（伊拉克东南部一军港——译者注），对36位伊拉克战俘进行了采访。当时两国处于敌对状态，我们通过翻译艰难地完成了这项任务。不仅如此，我们还在2003年5月1日总统布什宣布结束对伊拉克的主要作战之前，断断续续地采访了55名美国士兵和军官，他们都曾在希拉和巴格达边郊战区战斗过。在这个近1个小时的深度采访中，士兵们畅所欲言，讲述了他们领导者领导的成败之处。

在选择这些出色的领导者和部下时，最困难的就是保证危机领导者案例的真实性：因为我们不能采访已经退居二线的长官，也没有权限访问后方指挥所的优秀领导者或者部下，即使他们在伊拉克战争时已经来到了战斗的最前线。但在那30天里，和我们聊过的所有士兵军官身边都有那么一个能力超群的领导者。我们保证我们实例中的登山向导也是绝对优秀的，引导的确实是危险丛生的线路，而不是带着游客游玩儿的普通向导。**本书案例都是独一无二实实在在的。**

各章综述

危机领导力的这一概念只有被普遍接受了，才能在日常生活中发挥作用。第一章主要讲述了危机领导者的一些**关键特征**，他们能使一个普通人变得发光发亮，从而鹤立鸡群。虽然我在过去几年里所做的研究已经证明了这些品质，但是一直以来与领导者同生共死的是那些被领导者，他们的所述所为才是最有力的证据。因此本书首章主要通过被领导者的讲述，以及一些领导者的故事，来展现危机领导者的独特品质。

那么，**如何将危机领导力直接运用到商业和日常生活中**呢？这便是第二章要解决的问题了。说实话，我从没想过这个研究能运用到其他领域。作为西点军校领导力、心理学和管理学课程的负责人，我的初衷仅仅是想更好地了解并掌握这个能力，从而帮助我更好地完成我的工作。在军校里，我接待过来自通用电器、高盛集团、花旗集团、安海斯布希等公司的高管，还有很多前来参观的民众，每次都会向他们详细介绍学院的危机训练课程。然而，他们的反应却给了我巨大的启发：这些领导者们都与我的想法一拍即合，都认为这门课程无论是对个人还是对事业发展都具有重要价值。在这一章我陈述了许多我的观点，还记录了我与参观者们的一些交流和谈论。当然，我也从中获益良多。

领导者们一旦培养出了危机领导力，就会变得与众不同。那么，究竟如何培养这种能力呢。第三章探讨的就是如何培养一般人的危机领导力。不同于一般的训练模式，此章介绍的课程将挑战传统，帮助受训者思考如何将危机领导力运用到自身工作中。这一方式使学术和商业领导者从一种全新的角度，对领导力的培养方式有了新的理解，这也是此章如此具有价值的原因。

危机环境不仅仅是对我们身体的挑战，也是对心理和情绪的挑战。第四章讲述的便是当我们面临巨大危机时，情绪是怎么产生影响的。同时，此章还揭露了这样一个秘密，那就是要想在危机下进行领导，就必须学会控制自己的情绪。恐惧情绪就是这一章的重点。因为当你的生命受到威胁时，恐惧将会掩盖所有感觉，成为你唯一能感受到的情绪。

不幸的是，我们最害怕发生的事有时就会发生。在危机下，身体严重受伤，甚至是死亡都会经常发生。第五章解决的就是危机领导者如何应对团队中的死亡事件——这在公职人员中时常发生，特别是在海陆战队中。就连我们自己，早晚有一天也会面对自己队员的离世。死亡是不可避免的，向危机领导者学习有助于我们更好地应对这一不幸。

在教授领导力课程时，用一个复杂的案例来展示实际行动中的一些重要原则，通常会取得比较好的效果。第六章就讲了一个在危机环境中训练团队的实例——在学校跳伞队里培养年轻队员。当一个团队一起训练，一起学习并因危险因素而团结在一起时，各种领导者就会脱颖而出。这比起传统的培养环境，其效果绝对是让人叹为观止的。然而，此章的目的并不是为了展示从危机中培养出来的领导者有多优秀，尽管他们确实很优秀，而是详细讲述培养高风险团队的方法，以便其他的团队培养者都能从中受益。

我的成功，与一路上教导我的人是息息相关的。而这本书，只是我在路上的一个停驻点。我对危机领导力的理解，当然，还有给予我启发的各种访谈和实践活动，都得到了我的指导老师们、我的同事们还有其他一些人的很多帮助。因此，我不仅仅是想感谢他们，更重要的是想希望你们能更了解他们。他们不仅是故事的主人公，更是影响危机领导力这一概念的形成。和我一样，向这些人学习吧。他们很多都是为了在危机下领导他人而牺牲了自己的生命和生活。只要你向他们学习，他们的传奇就会一直在世留芳。帮助身边的人吧，成为用生命来领导的人吧，让我们以此来纪念他们的誓言和牺牲。

本书的第七章主要介绍的是危机环境对身体素质的特殊要求。本章不仅讲述了危机环境可能会造成的身体伤痛，还探讨了危机领导者如何进行锻炼以尽可能避免受伤。而对于商业和其他领导者来说，虽然不是处于生死攸关的环境，但他们一旦商谈失败，同样也要承担巨大的损失——经济上的、人际关系上的和管理上的巨大损失。这一章对所有人来说都十分有用的，它介绍了许多活动不仅能让我们身体健康，还能使我们避免受伤。尤其是给员工们发放福利的老板们可能会从中得到灵感。

本书如何能帮助到领导者

很多前军事领导者（现在他们已退居二线成为了领导顾问）都告诉过我说，也许环境会变化，但领导力仍是领导力。因为都是经历过冷战的人，据他们那时的经验，作为领导者，生死攸关是再正常不过之事。有句俗话说，**平时领导得好，战时才能成为好领导**。不可否认，这个说法是有一定道理的，因为服兵役的目的就是在和平时期训练军队，随时为保卫国家做好准备。但是，一般的领导力就是领导力吗？还是在生命受到威胁时展示出的领导力才更称得上是领导力？据我所知，从来没有人对这一疑问做过系统的调查研究。虽然对危机领导力的研究并没有固定的模式，但有了疑问却不去检验，那赌注就太大了。

经历过战争的战士一般都会说，你很难，甚至是不可能将自己所经历过的战争讲给未经历过的士兵。因为战争是一件很严肃的事，凡是经历过惨烈战争的人，或是为了政治、社会或是道德公正而杀过人的人，通常都不愿再提起这些事，更不用说讲述了。杀人是十分痛苦的，当然，等着被杀更是苦不堪言。每当谈起这些，老兵们都会表情严肃地说：**“你只有身临其境才能感受其中。”**然后，便就是沉默了。

危机环境的神秘面纱最终还是被揭开了。而揭开面纱之人可能是一个20岁的大学生，她会激情澎湃地讲述她是如何完成她的首次个人跳伞的，也可能是一个刚从喜马拉雅山探险回来的登山者。有过特殊经历，或是体验过危机的人通常都会说：“只有身临其境才能感受其中。”不像那些沉默寡言的老兵，他们会把他们刺激的经历和所克服的挑战滔滔不绝地讲上好几个小时。

他们的坦诚为那些拥有领导才能的学生开启了一扇窗。不仅如此，所有领导者也都应向在危机下领导和工作的人学习。

托马斯·A. 科蒂茨

西点军校

危机领导力
是每一位领导者的人生必修课

托马斯·科尔迪茨教授是美国西点军校的领导力权威。他的核心课程“危机领导力”不仅在军界大受欢迎，亦为商界、政界推崇。对科尔迪茨教授新作的引进，则缘起于教授数次来信谈到，**中国某些省、市政府，委派数批官员前去学习危机领导力课程，本书是核心教材**。教授也一再遗憾表示，如果能有中文版直接给中国学员们使用，会省去很多语言上的麻烦。而我本人，从中国官员赴美进修危机领导力课程一事，也感到引进本书的价值所在。

值教授大作出版之际，分享三点自己的体会：

一是**为什么政府和商业界要向军队学习**？应该说工商管理硕士、公共管理硕士、法律硕士三大教育体系培养出来的三种专业人才，是撑起一个国家的三大支柱，事实也的确如此！但本世纪以来，面对各类层出不穷，波诡云谲的社会、经济问题，人们最终发现，很多问题的根源或者问题的泛滥，竟然和上述三大教育体系培养出的精英关系甚大。例如美国金融大危机中人们发现，落马的权贵们，从哈佛商学院、沃顿商学院毕业的，远远大过出身西点军校、海军学院等军界的。原因何在？我总结一句话：**商学院传授的是知识和技术，而西点军校培养的是品质和德行**。军校更注重对人的德行养成。如同科尔迪茨教授书中所阐述，困境中方显领导本色——本色者，何也？**是注入骨髓的、充满灵魂的责任、担当、勇气和悲悯**。

二是我们应该转变思维——危机，无论经济危机、政治危机、社会危机乃至心理危机、信任危机，已经**从偶发性或者周期性演变为常态性——人们日益生活在常态化的危机中**，不确定、多变幻、难预测。**对于领导者而言，危机不常有；但危机意识需常在**。从这个意义上说，科尔迪茨教授的书是写给每一位领导者的，帮助领导者理解如何在生死关头及日常生活中进行卓有成效的领导。

三是要洞察危机和危机领导力的深层内涵。危机固然可怕、灾难深重，但更可怕的，是对危机的态度和作为。**作为优秀的领导者，如何防止和避免二次危机、危机后危机的发生，是另一重要课题**。这一点对于中国的领导者们更为重要。随着我国社会结构和利益格局的不断分化和多元化，社会关系日益复杂，社会矛盾进入高发期，政府传统的管理机制面临着挑战，社会管理正在逐步由传统的行政强制向协同服务转变。如何在危机前、危机中、危机后（包括自然灾害、社会危机乃至心理危机）进行有效的处理、解决和疏导，甚至“以患为利”，把危机变为转机，不仅体现了我们的执政思维、执政能力，还直接决定了该区域的稳定，甚至影响整个社会的品质和质量。

有些问题，教授深入讨论，提供了解决方案；有些问题，尚未提及，但需我们深思，深思之下的知识，才能变成智慧，化为日常生活中的行为，才能成为力量。

路大虎
www. da – hu. org
2012 年 12 月 20 日

1

危机领导者的关键特征

许多危机领导者展现出的特征在许多其他类型的领导者身上都会有所体现，诸如**能力、信任、忠诚**等特征是在各种情境中都十分必要的领导品质。然而，**在生死抉择的关键时刻，领导力只会以一种很明显的模式呈现出来，即危机模式**。本章节通过对跳伞运动员、特警队成员、战士（美国和伊拉克士兵）、消防队队员，甚至猎虎人等的访谈，深入探讨这种危机模式及这种模式下领导者具备的关键特征。我们将会了解到这些人认为**高危机情况下何为优秀的领导品质，这些优秀的领导品质又是由哪些特征构成的**，而这些特征对于其他任何情况下的领导力同样都具有非常重要的现实意义。

危机领导才能排序

要了解危机中领导力本质的一个最简单也最科学的方法，就是拿那些积极参与各种危险行动的危机领导者和那些毋须承担风险的普通领导者进行直接比较。我访谈过很多人，其中一组人是西点军校运动跳伞队中最有经验的成员们，他们一星期要跳 6 次伞，并在跳伞队伍中担任着领导角色；另一组是西点军校其他运动队的高级运动员们。访谈的内容都是相同的，然后，我把这两组访谈结果进行了比较。我将所有这些接受过访谈的运动员分成了三类：团体运动员、个人运动员及竞赛型跳伞队成员。我最感兴趣的是将高风险的运动队伍同低风险的运动队伍进行比较。领导才能排序的目的就在于找出运动员们在各自特定运动项目中的个人优势。

这种简单的比较有力地揭示了优秀的危机领导者所具备的特征。在访谈过程中，我让西点军校的运动员们——他们通常在队伍中担任上尉或其他领导角色——对陆军领导信条认可的9项领导才能进行排序，如表1.1所示。本章的其余部分将具体描述这些调查的结果，而这些调查的结果也与对那些在其他高风险情形下工作的人们所得出的调查结果不谋而合。

表1.1　西点军校领导才能调查排序

沟通能力：领导者在对待个人和组织中都需展现出良好的倾听、书写和口头表达能力；

决策力：领导者拥有良好的判断和逻辑推理能力，能够广泛利用资源；

激励能力：领导者预见、激励和引导他人朝目标奋进的能力；

计划力：领导者有能力制订具体、可行的计划，这些计划一定要是行得通的、可接受的、相宜的；

执行力：领导者拥有极高效率，能够满足工作要求，并且能够关心他人和有效利用资源；

评估能力：领导者能够利用评估工具督促他人不断进步，使整体工作得到持续的改善；

发展下属能力：领导者需投入足够时间、下足够力气发展自己的下属，使他们也能够成为领导者；

团队建设能力：领导者花时间、利用资源去改善团队、小组和单位，营造道德氛围；

学习能力：领导者寻求自我提高和组织增长，做到能够预见、适应、领导变革。

危机领导者是被内在激励了的

和你预想的一样，对于无论是团体运动还是个人运动中的运动员领导者来说，**激励能力永远是排在前面的**。毕竟，成功指的是更远、更难、更快。人们或许会认为，在存在生命危险的运动中，激励应该更加有力，甚至更加重要。然而，令人吃惊的是，在全美跳伞比赛冠军的排序中，激励却排在了倒数第二位——这是一个非常大的区别。平均说来，跳伞冠军们将**学习能力排在了第一位**。

我们通过访谈数据来深入研究这一违反直觉的发现，由此，我得出了危机模式中领导者具备的两大重要特征：

- 危机本身就可以激励人。极端危险的情形会给身处其中的人们以意想不到的能量与活力，这样依赖拉拉队式的激励方式也就没有必要了。
- 危机意味着“杀机暗藏”。这就要求在这种情况下工作的人们必须能够快速观察、掌握他们周遭的环境，并且迅速地学习。

区别危机情况下的内在激励和更常被提及的内在激励（指人们完成某项任务或从事某项活动的驱动力来自任务或活动本身，而不是为了获取某种外界的报答。——译者注）是很重要的。后者是被内在所驱使的。让我们来看看当今畅销书中教育家们对内在激励是如何定义的：

> 内在激励指的是出于自身的激励而从事某项活动。受到内在激励的人们之所以从事某项任务，是因为他们发现从事这项任务很愉快。
>
> 内在激励是一种天生倾向，让人们从事自己感兴趣的某件事情，施展自己的才华，并且，在此过程中，人们会碰到并最终战胜最大的挑战。
>
> 内在激励下从事的某项活动，不会让人感觉有压迫感，相反，人们通过从事这项活动，能够得到超出从事这项活动本身的满足感——它能够激励我们在无须做任何事情的情况下也找一些事情来做。

危机情况下的内在激励不同于上述内在激励。危机情况下的内在激励并非是在没有压迫感的情况下产生的，相反，它的产生恰恰是由于一种最强大的压迫，即**死亡的压迫**。危机情况下的内在激励是从危机情形的外部获得的，而不是像内在激励那样是从内在获得的。危机情况下的内在激励是一种全新的、审视危险情形下领导者－追随者动态关系的方法，也从概念上说明了危机环境如何要求危机领导者集中全部注意力，同时激励自身追随者的。

有力的激励是危险情形所赋予的。这意味着危机领导者不需要用拉拉队式的方式激励自己的追随者，他们不是激励型的演说家，也不是高度压力状态下的销售人员。普通人需要被激励以忍受痛苦困境或者体力上的挑战，但不能忍受那种要充满生死考验的危机。操练军士们有时不得不大声嚷嚷敦促受训者们出成果。通常，这种情况不会发生在战斗领导者身上，因为战斗环境中的追随者们都已被战斗中的严酷环境所激励了。

危机领导者坚持持续不断地学习

危机情形要求关注外界并且以学习为导向，而这种学习导向又被危机中的危险所强化。这是一种全新的变量，但在某种程度上，这种情况与管理相关文献中一种已经建立完善了的概念是一致的。在《管理研究杂志》一篇被广泛引用的文章中，著名作家卡尔·韦克（Karl Weick）将外界对危机的关注认为是一种已构建起来的意义建构（是指管理者帮助企业员工解读他们目前所处情境、过去的经验及未来可能面临的情境，帮助员工建立对周围环境的理解。——译者注）。韦克认识到人们在危机中感受到的激动情绪和领导者使人们在危机中感到更加激动之间的动态关系是："在危机之中，人们建构意义更为困难，因为有助于理解危机的行为也在强化着危机。"因此，**让危机中的人们关注外界并持续学习，远比通过激励使他们更加激动更为重要**。韦克认为："人们创造了环境，而环境又限制了他们……在危机中的承诺、能力和期望影响着人们对于危机的意义建构以及危机自身的严重性。"

因此，危机下的领导者需要时刻关注外界环境，以获得对外界环境的更多了解。试图激励他人，会强化他人的恐惧心理，将事情变得更糟。对于韦克来说，这种现象在危机环境中得到了验证。危机中的领导者经常处在新手们认为是危机的环境中。我的研究表明，韦克的早期研究也许能够帮助处于像危机环境或组织危机中的领导者们。这种对比在第二章中尤为重要。在第二章里，我们将危机领导力和传统商业环境中的领导力进行了直接的比较。

危机领导者愿意把风险和他们的追随者们共享

将危机领导者和其他情形下的领导者区别开来的另一个特征，是危机领导者愿意与他们的追随者分担所面临的风险，甚至愿意自己承担更多。当然，这部分归因于危机领导者是在充满挑战、困难重重的情形下加入他们追随者的队伍中的。然而，我们发现，这种**意义深远的、持续的风险分担正是危机领导者的一个明显特征。**

领导者们自身会表达出强烈的希望与追随者们分担风险。举例来说，让我们看看下面一位特警队队长和一位猎虎人分别是怎么说的吧：

> 如果你把所有计划都准备好了，一只脚已经迈进现场了，突然变得踟蹰不前，那你到底想怎样啊？
>
> ——特警队队长、特派员詹姆斯·加利亚诺（James Gagliano）
>
> 美国联邦调查局纽约市分局

> 印象中，在我的队伍里发生过的危险就不下20次……野外也是危机四伏。我们中的任何一个人都有可能从象背上跌落下来，从吉普车中甩出去，我们的确受过伤，几乎每个人都伤过，而且每天都会受伤。几乎每个人回来时都会带伤，身上都是血迹斑斑、青一块儿紫一块儿的。象背上驮着一个重达70英镑的三脚架，时常会被树枝绊住掉下来……我们每天都会受伤。我差不多吃了10瓶左右的雅维（即芬必得，一种解热镇痛药，用来减轻关节炎并且止痛和退热的非固醇抗炎药物。——译者注），我也将这种药分给我的队员们，让他们用来缓解疼痛。
>
> ——专业摄像师、探险队队长卡罗莱·阿莫尔（Carole Amore）
>
> 《猎捕老虎的20种方法》作者

这些访谈也让一种观点变得更为清晰，即风险分担并不仅仅是领导者傲慢、炫耀或者个人形象管理的简单形式；更为准确地说，风险分担是危机领导者领导风格或手段的一部分。它深刻地影响着他们的追随者们；他们的追随者们能够认识到这一点，知道风险分担在危机领导者内心中意味着什么，并会由此由衷地尊敬他们的领导者。这一现象在对伊拉克战争中体现得更为明显，这些美国士兵们描述了领导者分担他们所面临的危险的重要性：

> 你必须对你的领导者有信心，并相信他们的判断。他们是不会把你扔到连他们自己都不会去的地方的。
>
> ——美国士兵，第三步兵师，巴格达，伊拉克

> 我认为他们与我们的唯一区别只在于他们得到的情报比我们多一点儿。早一点儿。除此之外，他们真的跟我们其他人没有多大区别……如果不看他们的领章（他们的军衔勋章），很难区分谁是谁……战场上，军官们展现出了自身的领导力，下了战场，他们所做的事情就和你我没有什么分别。
>
> ——美国士兵，第三步兵师，巴格达，伊拉克

相反，如果士兵们发现他们的长官们不愿分担风险，就会表现出不情愿，甚至失去动力，就像这个被俘获的伊拉克士兵所描述的那样：

> 我的领导者……是名中校，一个老头，45 岁、46 岁或 48 岁的年纪。他是个头脑简单的人，只会发布来自巴格达的命令，比如："做这个！"但是他并不照着做，相反，他逃跑了……他告诉我们如果看见美国兵或英国兵，让我们不要抵抗。
>
> ——被俘获的伊拉克士兵乌姆·卡斯尔（Um Qasr）

惯例虽会拨给商界领袖们大笔的资金用来实施收购计划，签订滚动合约或者授予金色降落伞（金色降落伞是按照聘用合同中公司控制权变动条款对高层管理人员进行补偿的规定，最早产生在美国。"金色"意指补偿丰厚，"降落伞"意指高管可规避公司控制权变动带来

的冲击而实现平稳过渡。——译者注），但这些惯例不会对激发追随者的信心有任何帮助。当然，这会给生意带来风险，如果将其恰当地比作生命上的风险的话，当执行一项生死攸关的任务或做出生死攸关的决定时，最佳的领导者只会在他们的追随者都穿好跳伞服之后才会穿上自己的跳伞服。

危机领导者和他们的追随者拥有同样的生活方式，没有特殊

当我们询问被访者的报酬和生活方式时，危机模式的第四个独有特征就呈现出来了。在整个会议都会用来讨论高管们的报酬的年代，关注一下那些真正的领导者也不失为一个不错的选择，他们关注的是价值观而非单纯的金钱，他们不是唯钱论者。

当问及如警察和士兵等公共服务部门工作人员的工资结构时，我发现领导者和下属们的收入是不平等的，但他们的收入都不是很丰厚。我的访谈结果一致表明，大多数危机领导者领到的报酬都是平均工资水平，但是他们觉得这种工资水平足以满足他们的日常需求了。这种结果在我和我的同事看来是符合常理的，我们也都参与了采访这些人的工作之中。**对于生命每天都受到威胁的领导者和他们的追随者而言，生命的价值比物质财富的价值高得多。**工资应让位于其他更为重要的事物。经济学家们或许会从公共服务部门的工作属性来解构以上这种现象，认为这种工作的工资水平之所以不高，是因为它们比较容易获得而且劳动技能方面要求不高。也许是这样吧，但是在危险面前毫无相关的象征性价值却经常被忽略了。**金钱没有任何意义。即使是未来的奖赏或者惩罚，在不确定的未来面前也毫无意义。**

当今的领导力理论意识到象征性价值只在有限的环境里才起作用。詹姆斯·麦格雷戈·伯恩斯（James MacGregor Burns）基于魅力型领导者的具有创新的远见卓识，最先提出了改变型领导者的概念。这与其他

相互作用的理论形成了对比，相互作用理论是基于领导者－追随者的相互作用或者领导者－追随者之间的交易建立的，比如通过发放工资和奖金等手段建立平等和公平等观念。组织有可能由于改变型领导者的加入而改变，这一观点已经被伯纳德·巴斯（Bernard Bass）和其他人详细论述过了，也是当今领导者艺术与科学方面一个主导理论。

然而，早期领导者却假定改变型领导方式得以奏效归功于两点。其一，领导者自身的性格魅力，或者领导者的方法具有真知灼见。而对于那些理解危险情形动态变化的人而言，很明显，在应对当前威胁时，应更加注重人的生命价值而不是改变型领导者的内在价值。在生命的威胁面前，人们不再关心公正、平等、未来的奖赏或者其他任何与他们现在的生死存亡无关的东西。**危机是培养改变型领导者最好的孵化器**。由于象征价值变得无关紧要，改变型领导模式在危机中几乎都是无效的。然而，状态始终处于发展变化之中。随着时间的流逝，基于价值形式的改变型领导者模式会随之出现，并且成为危机领导者领导风格的一部分。看看身处以价值为导向的工作环境中的一位美国联邦调查局官员是怎么说的吧：

> 我认为对这些和我共事的家伙来说，尊重比其他任何东西都要重要得多。我并不需要这份工作，我的意思是，我爱我的工作，爱我的国家，也爱这个美国联邦调查局。但是比这些更为重要的是，我认为这就像你也许曾经听过无数遍的哲学思想一样：这个步兵为什么要战斗。他懒得理会他的指挥官，他也毫不关心是谁下的命令。除了他身边的人，他什么也不关心。和我共事的人都是这样认为的，当然我也不例外。他们晚上回到家，会（对家里人）说："这个家伙计划好了一切，这个家伙带领我们完成了这项任务，这个家伙把所有事情都处理得井井有条，这个家伙把我们的切身利益放在心上。这一点对我来

说比任何东西都重要。”这是他们尊重你的表现。

——特警队队长、特派员詹姆斯·加利亚诺（James Gagliano）

美国联邦调查局纽约市分局

在军队、警察局、消防队队员之外，平常的生活模式仍然继续着。生活和工作在危机环境中的人们学会了热爱生活。他们似乎生活在一个价值观和物质财富没有什么联系的世界里，就像一个被问到个人的财务状况的登山向导所说的那样：

嗯，你可以从不同方面看待这件事。一个约赛米蒂国家公园（美国加利福尼亚州中部。——译者注）的登山者曾经说过，在这个社会的每一个阶层，都存在着一个有闲阶层。从许多方面判断，我都是有闲阶层的一员，因为我有大量的自由时间去我想去的地方，做我想做的事情。但从财富方面判断，我拥有得并不多，所以我说可以从不同方面看待这件事。从财富方面判断，我远没有我的许多客户那样有钱。我的大多数客户都在公司里面任职，所挣不菲。但是他们也住在城市里，他们朝九晚五，而我不想。从这个意义上讲，我觉得我比他们的境遇更好，因为我认为我的生活更健康，压力也更小。但是从财富上来讲呢？我当然不如他们，但是我的生活方式更加随意，也更加舒服，比他们的生活方式更好。

——专业登山向导克里斯蒂安·圣蒂利斯（Christian Santilices）

埃克萨姆登山学校，怀俄明州

我们相信危机领导者接受，甚至非常希望和他们的追随者有一样的生活方式，这是他们价值观的一种表现方式，而且这种价值观也是他们领导者身份可信度的一部分。教友派（基督教的教派，既无任何正式仪式又无固定教义，其信条为强烈反对暴力与战争。——译者注）信徒间流传着一条让人茅塞顿开的箴言，强调了这种透明生活方式的价值：**“让生活发声。”**追随者们通过观察他们的领导者，就能够理解他们的领导者的价值观。

危机领导者自身拥有强大的能力，同时善于激发追随者，赢得高度信任和忠诚

尽管危机领导者的许多特征把他们和其他组织的领导者区别开来，但危机领导者同样拥有其他不同领域里成功领导者广泛拥有的一些特征。像其他大多数领导者一样，**危机领导者很有能力，而且值得信任，拥有高度的忠诚度**。下面引用的两段话，都是在巴格达陷落72小时中说的，这些话明显地指出了危机下能否成功建立忠诚度之间的巨大区别：

> 我们把我们的士兵转移到后方，努力地为他们进行治疗。一个士兵失去了他前臂的一大部分。他肯定非常痛，很明显，泪水在他眼眶中打转，但是他依然坚持着。他还为他的血流到了我们的靴子上而道歉：“抱歉，我的血弄脏了您的靴子。”我觉得简直不可思议：“你为你的血流到了我的靴子上而道歉?!”我十分敬佩他。
>
> ——美国士兵，第三步兵师，巴格达，伊拉克

作为对比，我们再来看看：

> 我们不能和长官们说话。他们会把我们关进监狱，他们会杀了我们。我们不能和他们说话。
>
> ——被俘的伊拉克士兵，乌姆·卡斯尔

能力在危机下尤为关键

追随者们要求他们的领导者拥有很高的能力，而且这一要求在危机

环境下比在其他任何场合下都更为重要。在生命受到威胁的危机环境中，比如在战区或山冈，没有任何法定权威能够命令你必须尊重或服从你的上司。这恰恰讽刺了军队领导者常见的一个陈规陋习：他们是纪律严明的权威，要求下属像机器人般服从。这不是军队领导者的行为方式，至少不是我们访问的陆军和海军陆战队（美军武装部队的一支，主要由两栖部队组成，由海军部长统辖。——译者注）领导者的行为方式，更不是战斗中领导者的行为方式。一般来说，处于战争中的士兵们与其遵从一个毫无能力的领导者发号施令，倒更愿意让军事法庭裁决。只有有能力的领导才能赢得士兵们的尊重，而尊重在危机中至关重要。举例来说，下面就是在对伊战争中美国士兵对他的领导者的尊重的见证：

> 在每次需要他掌管、发号施令的时候他都会表现得义不容辞。他已经做了100件事情，而我只做了1件事情。很多次，我都看出他不堪重负了，每次我都会干劲十足地对他说，嘿，长官，我拿到指挥权了——意思是“我可以带领大家”（原义指控制指挥塔。——作者注）；我能做战斗跟踪——跟踪记录每个人的位置以便更好地进行战斗；相信我，我能做很多事情，我们在一起战斗已经有些时候了，你需要休息。他事务缠身而且压力重重，但是他依然把每件事都处理得很好。他去做每件他需要做的事情。当身边没人能调遣军队时，他挺身而出去调遣军队。他做的事情远比他应该做的要多得多。
>
> ——美国士兵，第七骑兵队，第三骑兵中队，
> 巴格达，伊拉克

依靠能力能够获得尊重，并不意味着成为一名优秀的危机领导者只需要技巧，也不意味着危机领导者毫无感情或优柔寡断。恰恰相反，危机环境往往需要毫不含糊、直截了当，甚至有几分咄咄逼人的领导者风格。看一下美国士兵马林（Marine）是怎样描述他所在部队的领导的：

我不喜欢这个家伙。当我们休息时我都不知道如何与他相处，但只要处于战斗状态，作为一名军人，他就成了一位了不起的班长。他会做正确的事，但由于身份所限，职责所在时，他所做的事情很不受大家欢迎。我崇拜他。他当之无愧地获得了海军陆战队成就奖章。当然，是我们推举他获得这个殊荣的。

——美国海军，第一海军部队，西拉镇，伊拉克

危机下领导力对领导者提出了非常高的要求，这些领导者们要对每个结果负责，他们要将每个结果都和自身能力和才能结合起来。他们努力工作以熟悉环境并对环境加以控制。然而，所谓危机，其真实写照就是糟糕的事情时常发生，而且通常事先没有任何预告，领导者的能力能否控制得住也完全未知。尽管如此，**知道自己能够控制局势、了解自身能力仍然是危机领导者成功领导的关键**。想象一下，在一个能力和生命息息相关的险境中，一个人觉得自身能力不够的感觉会是多么糟糕。与那些可以指责他人、推卸责任的宽松环境的领导者相比，危机领导者必须对结果承担责任，即使当客观观察者已经判断出局势已经超出他们的控制范围，叫他们放手，他们自己也要承担责任。下面一位领导者描述他负责过的一次结果很糟糕的行动：

回想起来，我人生中最糟糕的一天，是 1980 年的某天……我忘记是具体哪一天了，相隔时间太久了，我也尽量不去回想它了……我正在指导学生，然后被邀请去跳伞，那是一次大型空中跳伞造型表演……半空中发生了一次高速碰撞，我以为朋友在空中下坠，我那时也向下落，在空中失去了他的方位。他以飞快的速度摔到了地上，巨大的冲击力将他置于死地……那是一次演出事故。

——盖伊·莱特（Guy Wright），专业空中跳伞造型表演家，世界级大型跳伞造型表演项目领导者

能力是危机领导者与追随者之间信任关系建立的基石。如你所想，和他们的领导风格一样，危机领导者展现出的能力必须是真实的。如果组织是由被任命的领导者所领导的，且该领导者没有合格的能力，那么这个组织在一般事件中尚能勉强应付过去，但是可以想象，一旦碰上真正的危机，组织就很可能会崩溃了。人们在生死存亡的关键时刻是不会信任或者跟随他们怀疑能力不够的领导者的。下面这个被俘获的伊拉克士兵评价他被任命的长官的话里流露出了官僚任命的官员的无能：

> 政府颁布的某个条令规定，普通士兵们如果前往了巴格达军事学院进修6个月，回来后就能升为军官。当然，还有些人连军事学院进修都没参加就升为军官。这类人中有一些是耶路撒冷军队的成员，另一些是阿拉伯复兴社会党的党员。成为复兴社会党成员他们就能成为军官，他们甚至在没有受过专门训练或相关训练的情况下就升为了军官。所有这些不过是政府的决定而已，政府一声令下，他们就会被升为军官。所以你会看到情报中士和其他高级军官专业技能非常薄弱，因为他们受过的这方面的教育非常有限，相关经验也非常有限。过去，在第一次海湾战争前，从军事学院毕业的优秀军官们一般都去桑赫斯特（英国一个军事学院。——译者注）或者去印度。因此我们谈论的是800个军事学院毕业的军官中的两三个。从军事学院中学习到的和现实战斗中遇到的相去甚远，这里所教授的知识都只是理论而已，实用知识以及实操课程从来没有被重视过。
>
> ——被俘获的伊拉克士兵，乌姆·卡斯尔

危机下要求领导者和追随者之间相互信任

如果能力是危机领导者领导的地基，那么信任就是盖起的房子。我

们访问过的领导者们通常都认为能力在危机下能帮助建立信任关系：

> 我们花了一年半的时间磨合成了现在这种状态，虽然我认为还需要花上半年时间才能达到我希望我的士兵们能够企及的那种状态，但是不管怎样，我认为我们已经有所突破了。假设我是队伍的第三个人，第一个家伙朝左走了，第二个家伙朝右走到自己该到的位置，他根本不用担心左边的家伙，他知道他会处理好来自左边的任何威胁。因此，我对整个团队现在这种状态比较满意。
>
> ——特派员詹姆斯·加利亚诺（James Cagliano）
>
> 美国联邦调查局纽约市分局特警队队长

而且，很显然，这种领导者和追随者之间相互信任的关系并不是偶然建立起来的，相反，它需要**精心培养**：

> 实际上，我与我的所有下级军官和士兵们都建立起了良好的关系。他们对我来说不是将士花名册上一个简简单单的名字，不是一个通过无线电波和我通话的声音，而我对于他们来说，也不仅仅是一个通过无线电波和他们沟通的声音。我所说的每句话都有助于一个团队的建立，一个完全彼此信任的团队的建立。我一直是这么想的，也会这么做下去。如果你们彼此不沟通，彼此不互动的话，你是不可能建立一个那样的团队的。我不是只对自己手下的主任参谋或一两个排长这样，我对手下所有的排长，我的军士长以及我手下的所有军士都这样。你知道，如果一件事没有得到十几个将士同意，我是不会做的。我们每天一起吃午餐，还一起做很多事情。我的意思是，我有很高的标准，但是我会和我的部下就这些标准进行沟通，让他们知道我为什么要这么高要求他们，而不是像某些独裁的

指挥官员那样，不和部下沟通，只会说：“嘿，这就是你们必须服从、必须去做的事情！”我不认为那样的领导风格以及处事态度能受到当今将士的欢迎。

——上尉，指挥官，克莱·莱尔（Clay Lyle）

某部队，第三骑兵中队，第七骑兵分队

而且，可以预料的是，如果这种以信任为基础的关系从来没有建立起来的话，在危机下寻找组织的凝聚力几乎是天方夜谭。以下这位伊拉克士兵描述了他的领导者在这一方面的失误：

利瓦准将（Liwa，陆军准将。——译者注）抛下大伙自己回家了。他代表着政府，但是他却抛下了我们这群害怕着美军的士兵。萨达姆（萨达姆·侯赛因。——作者注）使得兄弟之间都互不信任了。我们彼此之间谁也不信任谁。

——被俘获的伊拉克士兵，乌姆·卡斯尔

有趣的是，我在伊拉克和美国的西点军校同时进行着访问，某个人留在了伊拉克，继续收集着危机下有关信任的信息。巴·斯威尼（Pat Sweeney）中尉离开安全的北卡罗利娜研究所（位于教堂山。北卡罗来纳州的教堂山是一个美丽宁静的小城，这个小城有美国第一个州立大学——北卡大学。——译者注），跟随101空降师参与战斗。他原来曾在这支部队中指挥过战斗，然后他回到研究所攻读了社会心理学的博士学位——今后他希望能够进入西点军校从事教学工作。

斯威尼有着无穷的能量，他决定利用他在总部的优势收集一些数据。他的访问有两个主要目的，一个是弄清楚具有何种特征的领导者才能在战斗中得到信任，另一个是尽可能科学地分析出信任对危机领导有何影响。斯威尼访谈了数十名士兵，其中的72人填写了一份旨在调查战斗中信任与领导力关系的调查问卷。士兵们在伊拉克北部进行战斗，开展民事军事行动，斯威尼就在士兵摩苏尔（Mosul）、塔尔·阿法尔（Tal Afar）、加尧拉（Qayyarah）各自的军营帐篷里对他们进行了采访。

在调查问卷里，斯威尼让士兵们用他们自己的话描述战斗中他们信任的领导者的特征，之后斯威尼还让他们谈谈以上提及的每一个特征是如何影响他们对这个领导者的信任的。士兵们还要将每个特征按照对信任影响的大小进行排序，然后分享他们眼中信任和领导力之间的关系。

斯威尼采访的士兵们认为领导者能力是战斗中影响他们对领导者信任的最重要的特征。在危机下，下属们仰仗他们领导者的专业技能、判断力以及聪明才智计划、实施行动，顺利完成任务，不冒任何生命危险。把士兵们关于领导者特征的回答进行归类后，斯威尼把士兵们认为战斗中能够被信任的领导者的特征进行了定量统计，找出了其中最为重要的 10 个特征，如表 1.2（按重要程度依次递减排列）。

我认为斯威尼的工作是目前为止关于危机下信任、能力与领导力关系**最为全面**的研究。斯威尼的研究结论也印证了危机模式：

- 按重要程度依次递减排列，领导者能力排在第一位，接着是信任和忠诚。
- 险境中领导意味着分担面临的风险，并要求领导者有足够的勇气和自信。
- 想要保持清醒，必须做到自控；动力不足多半由于外部环境因素造成。
- 正直、责任感、领导者和追随者平日里的个人关系都会加强彼此间的信任。

表 1.2 战斗中能够被信任的领导者特征

1. 能力
2. 忠诚
3. 诚实或者正直
4. 有成功领导案例
5. 自我控制（压力管理）能力
6. 自信
7. 物质勇气（个人面临危险时的勇气。——译者注）及精神勇气（能够承担责任的勇气。——译者注）
8. 信息共享
9. 和下属之间的个人关系
10. 强烈的责任感

注意：表中的特征是根据领导者的跟随者们眼中重要程度进行排序的。

危机下要求领导者和团队之间互相忠诚

危机领导者和他们的追随者之间的关系有时只是短期的，但在某些机构里，领导者会和他们的追随者建立长期的关系，而这种关系能够演变成为更深层次的忠诚。**从本质上说，这种忠诚既是私人的，也是职业的。**当追随者讲出如下一番话时，这种忠诚的价值就显而易见了：

> 我认为他与其他领导相比更为优秀的地方在于他在那里是为了帮助我们做点儿什么，而不是希望士兵们为他做点儿什么。许多次他都用行动向整个排证明了他能为我们做什么，而不是我们能为他做什么。其实整个排上下都愿意为他做点儿什

么，只要他开口。

——美国士兵，第三骑兵中队，第七骑兵分队，巴格达

对于他作为一个领导者，我知道些什么？我想他很喜欢他的工作，他喜欢他正在做的一切，他喜欢事情在控制之中。他不是很喜欢睡觉。他需要和陆战队员们在一起，他总是把他的队员们放在第一位。对于一位领导者来说，这是一个很棒的品质特征。不管发生什么，只要某件事情出现状况，他都会挺身而出，想尽一切办法把问题解决掉。他会说："把这件事情漂亮地解决掉吧！"他总是在大家需要帮助的时候出现。

——美国海军，第一陆战师，伊拉克

追随者的忠诚通常是由领导者的忠诚而产生的。在领导者发展的相关文献中已经很明确地说明了**忠诚是双向的**。我们发现这一点在危机领导者中尤其鲜明：

我让他们离开（不要再战斗了）。因为在阿拉伯有句谚语："有人在我的脖子上。"这句话的意思是说我要在道义上对这个人全权负责。这些士兵们在我的脖子上，换句话说，我要对这些士兵们全权负责。我要为前线的这些士兵们负责，不到万不得已，我不会让他们牺牲。我不会让他们为不值得的事情白白丧命。

——被俘获的伊拉克陆军中尉，在说这番话前他从巴格达军事学院毕业仅21天，乌姆·卡斯尔，伊拉克

我个人崇拜的英雄是那些和我共事的人，许多和我共事的人都是我所崇拜的。我有幸与他们中的许多人共事过，甚至有不少比我还年轻，他们真诚、诚恳、值得信任、有能力、关心他人、工作异常勤奋，并在许多情况下迎难而上、勇于做那些

他们认为是正确的事情。他们不会为金钱或旁骛所动，他们所做的这一切都只为实现最终的那个目标，为了能够帮助其他人。这样做实属不易，尤其是每天都能这样日复一日地坚持做下去。

——特派员史蒂夫·卡特
(Steve Carter)，高级特警队队长，
美国联邦调查局特警队，圣弗朗西斯科分局

我做的一切都是为了他们，一切都是为了我的士兵们……在我担任指挥官的那一刻开始，我就感到我爱他们。这不仅仅是一项工作，他们也不仅仅是与我一起工作的一群人。我跟他们相处满一年的时候，我和他们的关系就如同我和家人的关系一样亲近了。我感到他们需要我。

——克莱·莱尔（Clay Lyle）上尉，指挥官，
第三骑兵中队，第七骑兵分队

审视你自身的领导才能

显然，正如我们在这一章中提到的一样，在战斗中及其他危机环境中，追随者们被他们的领导者深深地影响着。我和斯威尼对这些在危机环境中工作的人们所进行的访谈印证了这一点，危机领导者应该对这种独一无二的危机领导模式进行仔细的研究。

然而，这并不意味着危机领导者的积极影响只局限于危机环境。适度的激励、学习导向、愿意分担风险、共同的生活方式、能力、信任和忠诚等基本特征能够在处于许多不同情况下的追随者中间建立良好的领导者形象。

领导者最持久的影响体现在他所领导过的追随者身上。这些领导者

开着公司，赚着大钱，写书，建造以他们的名字命名的建筑物等。然而，到头来，对于领导者来说，最后唯一留存下来的是他们的追随者，他们曾激励他们，为之指引方向，为之树立目标。对于那些希望在自己的组织中建立领导者魅力的人来说，仔细思考危机领导者该如何表现是有重大现实意义的。日常环境中的领导原则不一定能很好地适应像战争这样的危机环境，但是**危机领导力却会对每个组织日常的领导有很大的作用。**

那些大多在日常环境中做领导的人清楚地知晓他们自身能力对组织成功的相对重要性。把表1.1中列出的9项领导才能过一遍，找出这中间你最强的5~6项才能。结果会表明你是已经准备好了在危机环境中或在组织处于危机下进行领导，还是你在这方面的能力还需进一步完善。不论是哪种情况，得到的结果对于你思考两种情形下领导力必备特征以及在下次危机到来时你会如何表现都是有益的。

危机领导力模式对于理解极端危险情况下的领导力是非常重要的。如果你是在其他环境下做领导，你也有机会运用危机领导力模式。想要了解那些经常被遗忘的人的灵魂诉求，并彻底领悟领导者能够带给追随者什么，是需要领导者付出相当多努力的。对于做领导者的你来说，危机领导力可能是个放大镜，让你对已经了解的东西看得更清楚、更具体：**领导者可以让任何事情成为可能；没有领导者，即使最简单的任务也是难以完成的。**

总 结

1. 他们工作的危险性决定危机领导者都已经被激励起来了，因此，他们也不需要传统的激励方法或者拉拉队式的喝彩。如果你是在一个更为传统的环境中进行领导，那就要思考一下应该如何激励你的追随者。

2. 危机领导者需要持续不断地学习，这主要是因为他们和他们的追随者需要迅速认清他们所处的环境，以便确定他们所面临的危险及威胁的级别。其他环境下的领导者很幸运，无须面对身体上的威胁；然而，他们也应该时常观察他们所处的环境以便了解来自竞争对手或者来自市场方面的威胁，并持续不断地学习，从而确保领先地位，或者至少能够很好地解决问题。

3. 危机领导者和他们的追随者分担他们所面临的风险。这不是领导者哗众取宠的表演，领导者是真正地与他们的追随者分担着危机环境中的风险，甚至比他们的追随者承担更多风险。其他环境中的领导者应该牢记这一点：**不要让你的追随者去做那些你自己都不会去做的事情。**

4. 危机领导者和他们的追随者有着一样的生活风格。虽然，在高风险环境中的领导者和追随者挣的钱并不一样多，但他们的整体收入水平都不高。近年来，对于管理层的薪资水平的关注有所增多，但是所有领导者都应该思考他们和组织中的其他人到底有多少地方是一样的。

5. 危机领导者都非常有能力，这也激发了追随者去模仿他们的领导者能力的决心。不管你领导的是什么样的组织，如果你能展示出你清楚自己在做些什么的话，毋庸置疑，你会赢得更多的尊重。

6. 危机环境要求更高水平的相互信任。危机领导者相信他们的团队，同时，他们自己也是可以被他们的团队所信任的。即使一个组织中某位成员的生命并没有受到威胁，但他（她）的生活中遇到某种麻烦，作为领导者的你应该做你能做的一切事情，让自己成为一个值得信任的人，同时，你也要信任你的团队会做你要求他们做的事情。

7. 危机环境要求领导者和追随者之间相互忠诚。尽管美国公司已经不再是那个让雇员在一家公司里一待就是50年，然后以一块金怀表（过去的美国，雇员都会在退休之前收到一块金怀表作为礼物；如今，金怀表在美国文化中就意味着“退休”“迟暮”。——译者注）打发他（她）退休的年代了，但是领导者也应该做他们能做的一切事情来培育彼此间的忠诚。

危机领导者的经验

我热切地希望危机领导者，在他们命悬一线之际能用这本书对他们自己的领导力进行反省和思考。我也希望每一位领导者和追随者都能从这些领导力原则上得出些许感悟。本章的着眼点是后者。

在我 25 年领导他人的经历及研究和教授领导力的过程中，我发现**学习是人们发展和提升自身领导力的最佳方法**。**领导力概念必须要做到量体裁衣，适合个人自身的情况**。本章中，我希望你能够找出适合自身的领导力概念以及领导方法。本章将讲述危机领导的 **9 种方法**，这 9 种方法被**广泛应用于大量的不同场合**。与此同时，本章还将提供我和他人亲身经历过的实例。利用这些方法可以揭示你和那些危机领导者之间的联系，体现出来的区别和共性会叫你大吃一惊。

从交易型领导转变成改变型领导

在我刚开始从事危机领导力研究时，我假定这种危机领导力是一种独有的领导方式，只适用于严酷的极限运动、战斗及大灾当前之时。毕竟，只有死亡威胁以及个体毁灭的意识才能使领导者和追随者的行为方式转变成为这种危机模式。生意上的风险仅仅意味着金钱的损失，而不会丧失宝贵的生命。即便在身体可能遭受威胁或侵害的生意上，大多数人也能够找到办法减轻这种威胁或侵害。因此，对危机领导力进行生意上的解释似乎是没有意义的，甚至有几分可笑。但是，随着我对领导力研究的深入，我越发清晰地发现这种**危机领导力对于几乎每种形式的领导力来说，都是一种十分有用的自省的工具。**

但是，一个有趣的现象是，大多数人把对他们退休金安排的威胁称为"对终身储蓄的威胁"，而不是"对工资收入的威胁"。背后原因对于个人而言，"终身储蓄"和"挽救生命"都意味着生死攸关。因此，危机领导者和那些巨额资本运作的高风险企业领导者之间也有着许多惊人的相似点。

在美国高盛公司总裁的一次关于危机领导力的演讲中，这种相似点表现得尤为突出。这位总裁曾经是名军官，他似乎被危机领导力这个概念深深地吸引住了。我本来以为他之所以如此感兴趣，可能是由于他原来在军队服役时的表现很突出，他自己也曾深处危机下。但是，很快我便发现他着迷于危机领导力，只是为了更好地提高自身在金融财务领域的领导力。这一发现令人激动。原来，危机领导力在极限运动和军事训练之外还有很大的价值。

事实上，理解真正的危机领导力并将其运用到商业实践中，意义重大。**真正的领导者，强调发展希望、恢复能力以及乐观主义。**他们清楚地知道在追随者心中什么最重要，不论这些追随者们渴望的是身体的强壮、社会地位的提高还是金钱的富有。**真正的领导者，他们的行为总能展现出他们崇高的道德和品质修养，**因此，他们会赢得追随者们的信任。受领导者的影响，这些追随者们会用一种积极的方式诠释自己的动机。

在商业管理环境中，领导力有时被错误地解释成为一种纯粹的技巧或能力，一种用来提高个人效率从而提高组织整体绩效的机械性行为。

这样的解释暴露了它的**交易性本质**，因为它的主要动机是为了提高利润，因此这种领导力的效果并不好。相反，危机领导力强调组织中的人们能够建立超越单纯交易性的关系。通过比较可以发现，**高压式领导者或者以政策为导向的管理者最终在严酷的环境下都是难以取得效果的。**

很少有人愿意为了奖金或者其他看得见的奖励而把自己的生命交到领导者手中。因此，在外部环境危险的情况下，人们为什么还要容忍较差的领导力呢？

危机领导者和被领导者的主要关注点都是保护生命，成功地完成任务。那些感觉自己很难从交易型领导者转变成真正的改变型领导者的商界领袖，或许能从危机领导者的角色模型中获得感悟和灵感。了解危机领导者们在危机下是如何应对的，会让那些压力巨大、挑战重重的领导者们受益匪浅，即使他们面临的危机不是身体上的，也不是性命攸关的那种。

商界领袖从危机领导者身上能够学到什么

危机领导者和商界或其他组织的领导者的相似之处是很明显的。其一，**才能在商界和在危机下一样是非常重要的。**例如，一位我最欣赏的也最有成就的朋友在商业银行领域赚了大量的钱，但实际上他的所有收入都是他自身才能和能力的结果，他的工作是没有固定薪水的那种（他把他这种工作性质称为“抓到什么猎物，就吃什么猎物”）。这虽然是一种危机状态的比喻，但关键的是**高端商务环境是非常残酷的，这一点很像危险的危机环境。才能是任何想担任领导者角色的人必须有的敲门砖。**

另一个相似之处是**信任**。对于身处高端商务环境中的人们来说，信任是极其宝贵的商品，在预测商业结果上价值千万。缺乏信任在商界中就是一剂毒药。例如，近来国会就惠普被指认监视新闻记者一事进行调查，就暴露出了惠普董事局内部缺乏信任这一现象。

早在2005年1月，当时的首席执行官卡莉·费奥莉娜（Carly Fiorina）就认定董事局中有人把关于惠普的决议和立场等重要信息泄露给了媒体。更让人气愤的是，她雇用了一帮律师进行了秘密调查，想要揪出那个辜负了她信任的家伙。第二个月，她就被董事局踢出局了，刚开始接替她职位的是帕特丽夏·邓恩（Patricia Dunn），接着是马克·赫德（Mark Hurd）。

2006年1月，一个在科技资讯网工作的名叫道恩·卡瓦莫托（Dawn Kawamoto）的记者，对外发布了惠普高级领导者场外会议的细节。作为回应，赫德据说同意开展一系列调查，包括派遣董事局成员乔治·基沃思（George Keyworth），以虚假的身份，用可以追踪的软件系统骗取卡瓦莫托的邮件账号。在一次董事局会议上，基沃思被指控是泄密者，董事长汤姆·珀金斯（Tom Perkins）发现了这些调查伎俩，辞职表示反对。随后，珀金斯发现他自己的电话记录被盗。在珀金斯的压力下，惠普将这一值得怀疑的调查方法告知了证券交易管理委员会。结果是国会众议院的能源和商业调查委员会介入调查，调查结果表明赫德在整个事件中无任何犯罪行为。

有些交易能够赚取极大的利润，而有些也能够招致极大的损失。在这样一些改变人们命运的情况下，危机原则完全适用。的确，第一章里详细描述过的危机模式中独有的内在激励、风险分担、一样的生活方式等的确不如才能、信任、忠诚等在大多数领导者中体现的这样普遍。这种独有模式只在特定场合中体现，而这些场合我们大多数人很少能够经历。然而，有一些经验教训是我们可以从危机领导者身上学习并广泛运用的。

下面9个重要的领导力经验是我在研究危机领导力过程中所发现的，**各行各界领导者都应该谨记**。

经验一：激励和学习一起发力时，效力最大

回忆一下第一章里提到过的那个跳伞队长，在危机环境中，与激励相比，他更关注学习。可以激励追随者的原因有很多，如死亡的威胁、绝佳的机会、必须承担的责任等。但无论什么原因激励了追随者，作为领导者，不应该只沉醉于追随者们的兴奋和卖力中而毫无行动。相反，领导者们应该更加关注学习、带头学习，如进一步了解周围环境，进一步增强创造性及批判性思维，更注重结果分析等。领导者们应该引导这些有积极性的追随者们在那些之前看似无法解决的问题或没有解决的问题上下工夫，寻找到解决方案。对一个普通的领导者来说，激励是为了让下属更努力地工作；而对一个杰出的领导者来说，激励是为了帮助下属更漂亮、更具技巧性地完成工作。这通常也是创新性、突破性管理技巧产生之时。大多数人早上醒来后，想着努力工作，挣到钱，但如果没有一个清晰的目标，有时，前方的路是模糊不清的。让我们看一个例子。

学习一种帮助无家可归的人的新方法

丽贝卡·卡尼斯（Rebecca Kanis）是美军前军方特种作战队的一名沟通专家。她运用危机状态下发展起来的技巧激励志愿者们，将社会部门变得专业化。在“力图更具技巧性地工作，而非一味地更努力工作”这一理念的指引下，她和她的同事们需要重新制订方案来解决纽约市无家可归的人的问题，在该领域打造一片新天地。她是“共同大地”组织的创新总监。该组织致力于通过购买房地产来为那些长期无家可归的人提供住处，从而消除城市里有人无家可归的现象。

当丽贝卡开始这项工作时，她遇到的问题不是这些志愿者们不愿意努力工作来帮助这些无家可归的人。问题是这些志愿者们没有可行的战

略可循，此外，对于无家可归的定义也不清晰。按照警察局和军队的操作模式，这个阶段会包括一个正式的（如果情况紧急，也会进行一个非正式的）任务分析和情报估计。在不了解所处情况的性质，或是敌人的兵力、友军的兵力、位置、天气、地形等情况时，危机领导者是不会接受任务或任何危险命令的。在这些无家可归的人们当中，有的快不行了。因此，志愿者们只是在努力地尝试帮助他们，却没有弄清楚他们所面临的问题到底是什么。

卡尼斯做的第一件事情，是坚持让“共同大地”组织和其他志愿者们准确统计出有多少人是睡在外面的，以便知道到底有多少无家可归的人。她向我描述了她所面临的挑战：“如果你不知道这个问题有多严重，解决起来有多困难，你是不可能解决任何问题的。当我的老板在2000年开始解决纽约市长期无家可归的人的问题时，她召集了所有在市中心西区工作的人开会讨论这个问题。她给这些人施加压力，让他们统计出午夜有多少人睡在街道上，就像伦敦在1997年做过的那样。按常理说，既然纽约市的法律保护人民的住房权利，那么在隆冬时露宿马路上的人应该不会超过一打。在她的不断施压下，这些人勉强同意彻查社区内有多少人在深冬时节仍露宿街头。令他们惊奇的是，仅在一个社区内，他们就发现了479名无家可归的人。这就是后来‘共同大地街道到家’活动的开始。”

卡尼斯继续说道：“从那时起，我们就尽可能借鉴各种军事训练方法和军事技巧并将它们运用到我们的工作中来。我说服我的团队画了一幅纽约市市中心西区的超大地图。就像我们军队带到战场上的地图一样，我们把这幅地图塑封起来。然后我们每夜都会出去，不仅数清楚有多少人露宿街头，还会问清楚他们的姓名、出生日期，并给他们拍照。我们给这些无家可归的人们制作了花名册，并拿他们的照片在那张地图上标出他们露宿的地点，这样我们就得到了一个非常准确的坐标，知道他们都在哪些地方聚集。这些信息十分有助于我们工作的开展。接下来，我们的队员会分组，救助这些无家可归者。

“其他一些相关服务提供者和市政府工作人员对我们给这些人拍照的做法有所顾虑，他们更关心这些无家可归者的公民自由和权利不受侵害，而不是准确定义和解决这一问题。我们顶着批评坚持着，慢慢人们意识到了我们这种方法的智慧所在。现在在每次讨论和会议上，其他相关服务提供者也都坚持认为第一件必做的事情是在你负责的街区里弄清每个无家可归的人的姓名并为他们拍照。”

卡尼斯的方法不只是简单的警察局或军队所使用的技巧而已。我知道的许多军方的人也都没有像卡尼斯对待纽约市无家可归者这一生死攸关的问题上那样认真。她的做法是在真正危机环境下生活和工作过的领导者会采取的典型做法。卡尼斯是一位经验丰富的军队跳伞队员，她在跳伞生涯中赢得了众人垂涎的“跳伞之星”称号。她还在特种作战队中工作。那儿的工作性质十分敏感，以至于她官方评估报告的某些部分被涂黑了（而对她没有被涂黑的部分的领导能力进行了盛赞）。她成功的秘密在于她在特种作战队的工作经历包含了大量危险工作，她需要为其他人的生命负责。曾经在高风险环境中承担个人责任的经历在每个人力资源经理和猎头眼中都应该是能够加分的地方。

经验二：分担风险能够加强可信度并能够提高领导者在危机下的效能

危机领导者把更多心思花在照顾他们的客户、追随者、将士、市民等身上，而不是他们自身的舒适、个人安危或积累财富上。这些领导者正是人们在风险达到顶峰时所需要的领导者。尽你所能做一个最好的领导者，特别是在高风险环境中，这样你就会赢得大多数人的信任和忠诚，因为你用行动向他们证明了，在这个组织里，风险和奖励是公平分配的，此外，承担大部分风险的人是你。

人们通常通过对比他人的反应来了解自身所处的环境，这包括观察他人的表情和行为，特别是观察领导者的。在危机环境中，这一原则被运用到了极致。例如，特警队和跳伞队成员们都出于这个原因不愿佩戴有色的眼睛或护眼镜。当由于噪声或者其他原因使得口头交流受到限制时，组员们就只能通过观察他们的同伴、上司或者下属的眼睛来判定情势的严重程度。

同样，愿意承担个人风险是一条错不了的非语言暗示，即领导者对这一行动充满信心，愿意像他带领的这些人一样去冒险。下面这个例子展现了一个危机领导者是如何在危机环境中熟练运用非语言暗示并承担个人风险的。

在敌人的领地上成功领导：具有文化意识能够救人于水火

2003 年 4 月，在我的采访队伍开进伊拉克 16 天前，327 步兵师第二步兵营正在往北推进，他们是主要作战部队，承担保护纳贾夫（伊拉克中南部城市。——译者注）的职责。纳贾夫是伊斯兰教什叶派圣地，是通往巴格达的战略要地。纳贾夫宗教地位重要，标志物是阿里清真寺，它是绝望的、落难的伊拉克人民朝拜的圣地。阿亚图拉·阿里·希斯塔尼（Ayatollah Ali Sistani），一个主要的宗教领袖，曾在萨达姆·侯赛因的统治下被关进监狱若干年，领导着穆斯林们在阿里清真寺朝拜。

克里斯·休斯（Chris Hughes）中校指挥着步兵营，与士兵们一道接近清真寺。休斯的一部分任务就是和清真寺的宗教领导者一起获得一道宗教法令，能够让美国士兵不受任何阻拦地一直推进到巴格达。但是成百上千个什叶派穆斯林聚集在清真寺前保卫着清真寺。看见美国士兵踏足到了他们最尊敬的圣地，人群愤怒了，认为美国士兵意在毁坏他们的圣地。休斯随身带着一个翻译，但是人群的暴动使得双方无法通过翻译进行交流。他们不断叫嚷着要保卫他们的圣地。如果局势恶化，演变成枪战的话，后果将是灾难性的。大量无辜的伊拉克平民会被射杀，此外，没有宗教法令开道，在去巴格达的路上会遇到强硬的抵抗，大批联合部队的士兵也会因此牺牲。

休斯立即把他的枪口指向地面，用以告诉他的士兵和伊拉克民众，情势是缓和的，他并不想伤害伊拉克人民，也不想伤害他们的清真寺。休斯意识到他刚刚的动作不足以表达他的意思，于是他就跪了下去，并命令他的士兵们单膝跪地，这是美国士兵们在战斗缓和时稍作休息的姿势。意想不到的是，看见美国士兵们跪下了，这些伊拉克民众也都跪下了。休斯又命令他的士兵们微笑，因为这是全球通用的表达善意和友善的表情。人群这时平静下来了。过了几分钟，休斯便带领他的部队顺利地远离了人群。阿亚图拉·阿里·希斯塔尼颁布了宗教法令，在没有任何人员伤亡的情况下，军队迅速到达了巴格达。

那天休斯在纳贾夫做得非常漂亮。而这一表现源于丰富的个人经历：他多年来担任步兵领袖，参与过一次联合反恐行动，从中获得了跨文化交际方面的经验，并且曾是调查轰炸美国军舰一案的调查组成员。他的领导绝对属于危机领导：

- 他不仅有能力，还十分讲究策略，并且对他国文化具有清晰的认识。
- 他和他的士兵们分担风险，勇于站在队伍最前面；他身体力行，与他的士兵们肩并肩一起付出艰苦的努力，而不是坐在直升机里或军用悍马里通过收音机发号施令。

- 他注重与这些威胁他们人身安全的民众进行沟通，而不是在自己被包围的士兵中要伎俩；
- 与内部情绪相比，他更注重外部情绪，因为他深知外部情绪更能引发人们的愤怒、担忧或沮丧；
- 他的才能为他在他的士兵中赢得了很高的信任，使得他的士兵能够在一大群愤怒的伊拉克人面前毫不犹豫地服从他的命令，毫不犹豫地跪了下去。

休斯在纳贾夫的所作所为正是危机领导者应有的表现。

☆ 为什么这对领导者至关重要？

在这个例子中有许多重要教训，其中最重要的是跨文化环境中非语言的沟通能力。危机通常就发生在复杂的多文化环境中。警官和其他公务员在日常工作中，经常要和他们组中许多不讲英语的部门打交道。跨文化沟通在高难度的极限运动中也会经常碰到。例如，2006 年 2 月 8 日，大型特技跳伞组织者 B. J. 沃思（B. J. Worth）和一些国际跳伞运动员创造了一个世界纪录。跳伞运动员们要在空中组成一个自由落体的队形——400 名跳伞运动员要手拉手不少于 4 秒钟的时间（要知道整个自由落体的距离只有 1000 英尺）。这个队伍是在泰国上空完成挑战的，包括了来自全球 31 个不同国家的顶级跳伞高手们。尽管英语是最主要的语言，但是用非语言形式进行沟通的能力对挑战前试跳练习的准备和实践，以及对最终向世界纪录发起挑战前的准备和实践都至关重要。

经验三：你的生活方式告诉了追随者你的价值观是什么

危机领导者的普通的生活方式向他的追随者们传达了一个非常重要的、清晰的信息：**“追名逐利，不是我的风格。”**但是问题并不在于领导者挣多少钱。一个领导者谦逊的表达同样会影响到他的追随者。那样传达的信息非常强有力，因为这种信息反映了领导者并不是追逐名利、自我至上的类型，而是愿意和追随者及整个团队一起获得成功的类型，这将为建立信任和忠诚打下基础。

对于一些领导者来说，无私和关心他人明显是发自内心的，以至于被关心的人将会把这段记忆牢记在心里，一生一世也不会忘记。对我来说，一个将无私的品格深深烙印在我心中的领导者是一个已经退休了的将军，他叫理查德·卡瓦佐斯（Richard Cavazos）。

证明什么才是最重要的：为了和队伍在一起而拒绝升职

1976年，理查德·卡瓦佐斯在军事史上留下了浓墨重彩的一笔——他成了第一个获得美军准军军衔的西班牙人。不过，当我遇到他时，他已经是一个退了休的四星上将，当然，他也是西班牙军官中的第一位四星上将。他来到堪萨斯州（Kansas）的利文沃斯堡，和许多军官一起共度一个愉快的早晨。我当时也是这些军官中的一员，正在参与一个硕士学位的专业项目。这个长达一年的项目是在高级军事研究军校的指导下开展的，管理难度极高，而且管理费用不菲。该项目旨在培养一小批高水平的战略计划家，能够写出获得总统认可又便于执行的一致的、成功的作战计划来。无论是智力还是财力方面，军队在我们身上可是投了不少的资金。

我们都被卡瓦佐斯这个来自得克萨斯州金斯维尔（Kingsville）的

家伙迷住了。他在农场里长大，是个地地道道的得克萨斯州人。他毕业于得克萨斯理工大学地理学专业，于 1951 年获得学士学位，然后在那儿的预备军官培训项目中作为步兵军官应征入伍。他在佐治亚的本宁堡（美国佐治亚州西部城镇。——译者注）结束了军官基本训练，赢得了学位，随后完成了空军学校训练，之后和第 65 步兵团一起开赴韩国。他加入了 E 连，担任排长，经历过在韩国的战斗。在他早期的军旅生涯中，他荣升为连长。

第 65 步兵团大部分是由波多黎各人组成的。由于西班牙人被分离出去，波多黎各人算是少数民族。在军队废止种族隔离之前，种族歧视痕迹明显的军团是很常见的，最著名的例子是第二次世界大战中美国黑人塔斯柯基飞行员。第 65 步兵团的士兵们被叫作“Borinqueneers”，以一个土著波多黎各印第安部落的名字命名。虽然他们有强大的集体凝聚力，但是他们仍深受种族歧视和种族隔离之苦，他们与前线隔离，不好领导。卡瓦佐斯领导这支队伍在韩国的作战，使他获得了专门授予勇士的银质奖章和特殊贡献勋章。这两枚奖章的荣誉值仅排在国会荣誉勋章之后。

在我们结束了和卡瓦佐斯将军的座谈会后，卡瓦佐斯将军参加了我们的讨论并认为军队的前途不是很光明。那是在 1991 年年末，美国兵刚刚在第一次海湾战争中仅用了 100 个小时的地面战斗就打败了伊拉克兵。我们的军队很有效率，但却被认为是低效的。因此，战略计划要求迅速将军队规模从当时的大约 80 万士兵缩减到现在的约 48 万士兵。卡瓦佐斯知道许多优秀的军官将会对此次裁军感到失望并会因此离开军队。他决定讲一个他自己的故事给我们听，让我们了解只有个人牺牲和个人风险才能够表达忠诚。

作为一个和第 65 步兵团一起战斗在韩国的中校，他的事业发展得很顺利。他的士兵们非常尊重他在战斗中表现出来的智慧和能力，在你能够想象出来的最糟糕的情况下他们也成功地并肩战斗了一年多，1952年那个异常寒冷的冬天他们也都挺过来了。从总部传来的消息说卡瓦佐斯将被升职为团级行动指挥官，这一职位通常是由比卡瓦佐斯的级别还要高两级的人来担任的。这是极其崇高的荣誉，特别是在战斗中授予的，将在卡瓦佐斯的人生中留下不可磨灭的记忆。由于这一不可多得的机会，军队中的许多机会都会为卡瓦佐斯敞开大门。卡瓦佐斯的手下们为他们最敬爱的人能获此殊荣感到无比自豪。

在一次战间休息中，卡瓦佐斯的士兵们在一个全是冰块的山坡上集合起来，为他们的长官送行。那一刻，大家都很情绪化，都有点儿伤感。卡瓦佐斯走到排里每个士兵的面前，和他们一一握手。士兵们给卡瓦佐斯纪念品，有用定量配给的罐头做成的圣诞装饰、韩国的小件手工艺品，等等。有个士兵给了卡瓦佐斯一把手枪。卡瓦佐斯已经和一半的士兵握了手道了别，下一个轮到队伍中一位身强体壮的士兵了。卡瓦佐斯把手伸了过去，但是这个士兵拒绝和他握手。卡瓦佐斯感到很困惑，就问这个士兵为什么不愿意和他握手。

这个士兵回答道："长官，您就要离开这儿，把我们扔在这儿。您将要回到那安全而温暖的地方，那儿有充足的食物，睡觉的地方也很干净。而我们还要待在这潮湿阴冷的地方等着子弹飞过来。我知道总部给了您一个好工作，您也不得不去，但是我真的不希望您走，所以我不愿意和您握手道别。"

军士长开始训斥这个现在正站在卡瓦佐斯对面的士兵，但是卡瓦佐斯制止了军士长。卡瓦佐斯沉默了一会儿，走回到他的吉普车旁，拿起收音机，告诉总部他不会回去，他要和他的部队待在一起。他就是那么做的。他和他的士兵们又一起战斗了9个多月，直到停火协议签署。

卡瓦佐斯给我们讲这个故事时虽充满激情但是很镇静。他接着对我们说道："女士们、先生们，我不会对你们撒谎。军队里的工作在很长一段时间内依然将会非常困难。”说到这儿，这位四星上将的眼里充满了泪水，继续说道：“你们都很聪明，而且你们也都有很多选择。但是，为了那份你们对祖国的热爱，请将你们的职业选择坚持到最后。当这一切结束之后，你们就可以退休了，那时我就会和你们握手。”当这位美国英雄在我们面前哭泣的时候，我们这40个未来的少校都变得目瞪口呆，无言以对。我不知道有多少军官还记得那天的情形，但是我知道我们大多数从那天算起的15年后都还一直在自己的岗位上积极地工作着。我们中的9个已经被升职成为将军，其他人也在政府部门担任要职。卡瓦佐斯，一个真正的、谦逊的领导者，只用了20分钟，就给一些职业生涯处于中期的军官们上了完美的领导力一课。

尽管平庸但总是尽力寻求组织有效性的领导者有时也会发展出许多的**自我形象管理策略**，从而使他们看上去无私、关心他人、谦逊。我过去的一位上司让他的秘书给每位为他工作的人都准备生日和周年纪念卡片，而且这些贺卡上所写文字的语气、措辞都十分亲密。但问题是秘书用的是公司花名册里的第一个名字，而我们大多数人用的都是昵称，和正式文件里用的名字不一样。因此，他这些贺卡的初衷虽然是好的，但也同时证明了这位领导者并没有花时间去记住我们的名字、我们配偶的名字或者我们小孩儿的名字。他自我形象管理的种种努力让我们明白了他不是那么平易近人。

实际上，**所有杰出领导者所表现出的无私和谦逊是与生俱来的，是他们性格中的一部分，这是他们的性格，而不是一种他们使用的技巧。那样的性格不仅是领导者应该展现出来的，更应该代表了领导者本来的面目**。这也是只重视知识、技巧和能力的领导力培训项目最大的弱点之一（这是被广泛运用的KSA领导力培训项目。K：Knowledge知识，S：Skill技巧，A：Ability能力。——译者注）。诸如决策制订、沟通、计划等技巧也能强化领导者本来已有的性格（或许这些技巧是更有效的强化方式）。

不论是在日常环境中还是在危机环境中，让普通成员认为他们的领导者不平易近人是一件很让人不安的事情。**所有领导者都应该花时间和他们所领导的成员有一些生活层面的联系，这一点很重要。**如果一个人的生活方式反映了他的价值观，那么共同的生活方式就代表了共同的价值观。而共同的价值观对于建立一个有活力的、高效的组织是尤为关键的。这一点可以从下面这个例子中略窥一斑。

从最基础之处关心你的队伍：虽然自己挨饿，但其他人可以有饭吃

2003 年 4 月 3 日，我和海军的一个师宿营在伊拉克的西拉镇，之前这是萨达姆·侯赛因宫殿的所在地。这个宫殿从一个假山的林地上拔地而起，差不多有 10 层楼高，山坡上种满了各种鲜花，不过这些鲜花由于缺乏灌溉都已经旱死了。在这个干旱的地方，时而闪亮着的是圆形的枝形吊灯上的装饰水晶，像是打劫者抱着其他从宫殿中偷出来的东西往山下跑时不小心落下的。

睡了 6 个小时之后，我从我的充气垫上滑了下来，落在这个宫殿前方某处。这里之前一定是会客的地方，40 英尺的屋顶和几个大众汽车大小的枝形吊灯还完好无损地留在那儿，由于太高、太大而免遭被洗劫的厄运。而宫殿残骸中其余可以搬得走的东西都已被洗劫一空了，电源插座、水槽、马桶、门、铰链等，能搬走的都被搬走了。我抢了一个塑料水壶、一个一次性塑料剃须刀还有牙刷之后就从殿里跑了出来。

我开始打扫营地卫生时，朝右边看了看，看到一名海军士兵正通过红外线观察一个放在输送车上的有线制导导弹发射器。这个输送车停在了一块凹陷的混凝土地面上，那儿曾经是这个宫殿的游泳池。我注意到我们前方矗立着几幢建筑物的残骸，就问这名海军是否到过这个地方。他回答道：“没有，长官，但许多人都去过，比如巴比伦人。”萨达姆

把他的宫殿选在了这个历史上著名的圣经城镇旁。

对我来说，这个宫殿是我对这些海军们进行了两天采访的地方。这些海军们几天前刚进行过激烈的战斗，他们的故事引人注目。和我交谈的这些海军将士们在这个地区亲眼目睹了非常激烈的战斗，战斗过程中他们也失去了一些朋友和战友。有一个班就失去了他们最喜欢的一个战友，一颗从 AK－47 里射出来的子弹从他的背部穿了过去。他最后那句话成了无数陆军士兵们和海军将士们口中重复最多的话："我被打中了。"他的防弹服不足以抵御一颗来复枪的子弹，1 分钟左右的时间，他由于流血过多牺牲了。他的尸体被搬走，这个班只剩下 9 个人，每个人都很难过，心里空落落的。

但是这个班依然继续战斗着，据大伙儿所言，这个班像新兵班一样充满活力。他们来到那座宫殿，接受我安排的采访，随意蜷卧在他们能找到的地方，瞬间就睡着了，进行短暂的休憩，只有士兵和海军才能体会那种一下子就睡着了的睡眠方式。他们身上都脏兮兮的，他们的武器也布满了灰尘——而那些经常使用的地方却一尘不染。

当我问他们是什么使他们继续前行，尽自己最大努力做到最好时，他们一致回答是因为他们的班长，一个只有两道杠的海军下士。这个班里士兵的平均年龄只有 20 岁；这位下士也只有 24 岁，西班牙人，大约 5.6 英尺高，最多 145 磅重。

他们给我讲了很多关于这名下士的故事，其中提到了他在战斗中表现出来的个人能力，他们非常尊重这位步枪射手。"每名海军都是步枪射手。"——这个标语明确表示每名海军，不论职务高低，都要准确射击——这位下士当然也不例外。他们讲得很清楚，下士从来不主动要求战斗，但是一旦被指派了某项任务，这项任务总是能圆满完成。他们对他们的下士最充满激情的描述是他做了很多事情去关心照顾他们，确保他们的安全和健康。他坚持让他们做好自己的工作，但是在他们经历困难的时候，他也和他们一起经历每个困难——睡眠不足，缺吃少水，危险重重。

在我采访开始前的两个星期对第一海军师来说可谓困难重重。穿越整个伊拉克前往巴格达的运动开展得迅速且无情，后勤供给车也跟不上战斗队伍。尽管4月末短暂的战斗间歇让大家重新获得了后勤供给，我们吃得不错，喝得也好，但是在激烈战斗中生活还是相当艰难的。30天的时间里，没有信件，没有热的食物，睡眠少得可怜。正是在这段时间，这位下士赢得了他手下士兵们的信任、忠诚和承诺。士兵们说起特别是有4天的时间，环境使得任何给养都是不可能的，而下士每天都和全队人一起分享一份很少的预先加工好的食物。一份预先加工好的食物配给一般来说只是一个士兵一顿的量，但是现在，它却是9个士兵一天之内仅有的食物，而且要这样坚持4天。一份预先准备好的食物一般只包含2000卡路里的能量，通常是一份主食，如牛排、一包饼干、一罐奶酪或者一罐儿花生酱、一块甜点蛋糕，有时是一片面包、一些糖果、盐、胡椒粉、咖啡、咖啡伴侣、辣椒油，还有卫生纸。在下士确保其他每位士兵都能获得一份食物后，这些士兵们注意到他们的下士每次只把其中的一样留给自己：那份咖啡伴侣。每天一份，持续了4天，这就是他在激烈战斗中所吃的全部东西。

然而，一些人官做得越大，享受的特权就越多，这就与这位下士的表现形成了鲜明的对比。在危机状态下是没有专门的总裁进餐室的。其实这位下士多拿一点儿食物是很容易办到的，理由可以有很多，比如为了做决策他需要保证头脑清晰，他在军队的时间比其他所有人都要长，他年纪最大，他军衔更高，等等，种种原因都表明他应该得到更多。但是他没有，因为他最先考虑的是他的士兵们。

这8位海军步兵，都是这个世界上最坚强、最英勇的人，他们都愿意为了他们的下士上刀山、下火海。就像我们在许多采访中所做的一样，为了保护这位下士的隐私，我们会隐去他的姓名，但我们私下里都开始称呼他为“咖啡伴侣下士”。我非常荣幸地采访了这位“咖啡伴侣下士”。原来他已经结婚并为人父，他爱他手下的士兵们。他希望退伍之后可以做一些少奔波的工作。我觉得我和他在这个被洗劫了的宫殿里的谈话是我职业生涯里迄今为止最鼓舞人心的经历。

在我们结束谈话后，我问他我是否可以为他做些什么。他跟我提了一些给五角大楼的战略性建议，这些建议看来都是经过他深思熟虑的。随后他说他的士兵们已经很久没有见到过干净衣服了，问我是否有干净的袜子。干净的袜子在战区如同黄金一般珍贵。我把我所有的干净袜子都给了他，而且我觉得这桩交易十分公平，因为他给我上了一堂精彩的关于无私的领导力课程，他的经历让我明白了作为领导者，与下属同甘共苦是多么重要。

在巴格达的战斗中，是海军和从波斯湾的航母上起飞的海军飞机挽救了“咖啡伴侣下士”和他的士兵们的生命，但却是“咖啡伴侣下士”以及像他这样的领导者们挽救了这些士兵们的灵魂。

经验四：开发能力的时候，你也在开发信任和忠诚

危机环境的复杂性揭示了才能在信任和忠诚的建立中是何等重要。**才能**一直以来都被认为是珍贵的领导者特征之一，而**信任和忠诚**很显然在领导者－追随者关系中异常重要。事实上，这**三者之间是密不可分地交织在一起的。**

当领导者发现他们的追随者不信任他们或者对他们不忠诚时，通常会私下消化，就像是面对在社交场合被人公然拒绝那样。而当领导者希望建立信任和忠诚时，又通常会打社交牌，比如打打高尔夫球、去非办公场所开开会，或者举办其他一些团队建设的活动等。但如果领导者和

他的追随者之间出现了信任和忠诚危机，那么归根结底是领导者才能的问题，而不是靠大家去玩儿一次攀岩就能够解决的。要仔细分析造成信任和忠诚危机的根本原因，并且永远不要忘记，才能是一个伟大的领导者的特征，即使它不是必需的，至少也是至关重要的。

这一原则衍生出的一条推论就是：领导者展现才能之时，也是他发展和追随者之间的信任和忠诚之机。大部分领导者是通过自身的才能做到他们今天的位置的，但作为领导者，需要时不时地通过实际行动展现一下个人才能，否则追随者们便会淡忘。领导者需要花时间和精力让追随者们看到他们在哪些方面非常擅长，让追随者明白为什么要对领导者的能力有信心。然而，你要千万小心，在你展示才能时，永远不要抢别人风头或者让别人难堪。因为归根结底，**领导力是关于你领导的人的成功，而不是你的成功。**

经验五：极端的危机，不论是对公司还是对个人，都能揭示出领导者和追随者真实的性格特征

观察人们在事情变得很糟糕时会采取怎样的行动，就能得知这些人和他们的组织及他们的领导者关系如何。灾祸可以使一个强大的团队凝聚在一起，也可以让一个弱小的团队毁于一旦。危机下，特别是前途不甚乐观时，领导者必须有一双能够看穿他每一位下属的火眼金睛。下面两个例子展现的是面对威胁时采取的两种相反的方法。

面对威胁时没有强有力的领导者，这就是伊拉克士兵总是投降的原因所在

伊拉克军队的瓦解为下面这种情况提供了极好的例证，即当风险上升时杰出的领导力能够在瞬息间改变局势。在乌姆·卡斯尔监狱营地的

一个灰色跑车的后挡板进行的一系列采访使我更加明白了这一点。乌姆·卡斯尔距科威特边界只有45英里（离“死亡之路”并不远，“死亡之路”因10年前美国空中力量在“死亡风暴”中对数以万计逃跑的伊拉克士兵进行屠杀而臭名昭著。——作者注）。

我和我的团队采访了刚从战场上被押回来的36名伊拉克战俘，除两人外，其余34人都说投降的命令通常是由军衔很低的军官下达的，而且通常是受了点儿威胁就决定投降——落下的炸弹、大炮的轰击，或者地平线上冒出的坦克等都能让他们投降。而这种直接威胁正是危机状态的经典代表：惨死结局似乎就在眼前。投降计划通常是在几小组士兵中制订出的，一般很少属于总部做出的有条件投降。军官们允许他们的部队投降——有时是自己已经逃之夭夭了，有时是睁一只眼闭一只眼的默许。在伊拉克，小规模武装领导者能够唤起忠诚，并且影响上上下下命令链的现象少之又少。毋庸置疑，这归因于他们在面对美国军队时的涣散。换句话说，领导者没有让他们的军队投降，但是军队却在他们的领导下投降了，军队瓦解了。

这一情况表现在商界就是，公司在被人买断的情况下，工人们可能会集体罢工或自动离岗。

毫无疑问，和伊拉克士兵进行进一步交流就会发现，如果伊拉克士兵们有情感上的联系的话，他们总会和与他们来自同一个部落或者同一地区的士兵们感情较深，而不是和与他们来自同一军队组织的人感情较深，排里、班里是没有凝聚力可言的。伊拉克大约有150个主要部落，其中又包含了2000多个有着不同宗教信仰、由不同种族构成的小宗族。士兵们谈到了根据部落或地域的不同而划分的部队。当被问到他所在部队中成员间的关系时，一个伊拉克战俘这样告诉我：“通常关系远近是由我们的出生地决定的：如果有一部分士兵都是来自巴士拉（伊拉克第二大城市，伊拉克南部的一个石油港口。——译者注）的，那么他们彼此间的关系就会更为紧密。从巴格达来的士兵们也是这样的，从纳西里亚来的士兵们情况也如此。一个来自巴士拉的士兵是不愿意和一个来自纳西里亚的士兵合作的。”

当我追问他逃跑者是单独逃跑还是组织在一起逃跑时，他主动表明逃跑者都是成群结队地出逃，“同样，来自同一出生地的士兵们会组织在一起逃跑。因为从计划逃跑到实施逃跑都是他们自己的主意，因此也是他们自己把自己组织起来的”。

面对威胁时有强有力的领导者，这就是在“卡特里娜”飓风中新奥尔良的一个医院能安全撤出的原因所在

灾难能凝聚一个强壮的、强有力的领导者的团队。最好的例子之一就是美国医院联盟（HCA）成功地应对威力巨大的“卡特里娜”飓风。尽管“卡特里娜”飓风通常被用来证明许多组织失败的例子，但是，美国医院联盟成功地合并了机构，制订出了计划，成功地把杜兰（Tulane）医院的病人在飓风来临之前转移了出去。

美国医院联盟包括170多家医院，大部分位于美国的东南部和西南部、伦敦以及日内瓦。它经营着美国大约5%的医疗护理项目，包括运送病人、外科手术、器官移植等，年收入超过230亿美元。它的首席执行官名叫杰克·D. 博文德，是一个谦逊、说话轻声细语的纳什维尔（纳什维尔，美国田纳西州首府。——译者注）人。作为观察团的成员之一，他在杜克大学的种族领导者中心于2006年10月举办的领导者发展会议上，详细论述了美国医院联盟对“卡特里娜”飓风的认识和对策措施。

考虑过美国医院联盟的规模和复杂性之后，博文德表示他们对迎接飓风的到来已经做好了充足的准备。美国医院联盟旗下的许多医院都已经经历过很多那样的大风暴，有几次带来的是几近毁灭性的损坏，但他

们的应对方案以及准备工作都很到位，使得医院能够迅速地重新开展日常工作。“卡特里娜”飓风的问题是巨大的洪水泛滥，伴随着通信系统的中断以及交通运输系统的瘫痪。“卡特里娜”飓风带给博文德、美国医院联盟以及杜兰医院领导者团队的后果，用博文德的话说，就是“成为一个全新的典范”。

从领导力的角度来看，典范只能通过美国医院联盟全体上上下下来实现。为了有效，它必须足够灵活。高级领导者只能通过自身领导力使之发生，只有在万不得已的情况下才能借助外界力量。杰克说，当生命受到威胁时，有两件事情足以反映领导力：“其一，是我最常引用的一句话，是冯·莫尔特克（一位19世纪普鲁士军事战略家）所说的：**‘当第一枪打响时战略就随之改变了。’**其二，你不可能在30分钟之内就把自己变成一个你30年来都没有成为的人。”——看起来似乎是在说明美国医院联盟在“卡特里娜”飓风灾难中团结起来的最终战略（一己之力渺小，但团结起来力量巨大。——译者注）。

博文德把美国医院联盟能在“卡特里娜”飓风带来的巨大灾难面前团结一致的原因归结为以下4点：

1. 承诺。美国医院联盟应对“卡特里娜”飓风的方法是基于多年来秉承的一种价值观：医院要把病人放在第一位。把这一点作为指导原则，那么不论是个人、团队，还是整个组织都会做出正确的决定。

2. 授权。美国医院联盟的成功应对，用博文德的话说，基于“大规模的分权和授权”。他说，人们知道他们可以采取行动，因为“乞求原谅总是比寻求许可更容易”。重要的是，当这种意识变成行动或言辞之后，可能会导致美国医院联盟遭到法律诉讼，特别是在如实反映出撤离病患时可能遇到的危险的情况下。博文德秉承着实话实说和开诚布公的原则：“我宁愿诉讼失败，也希望我救出来的人们尊重我或者尊重这个救他们出来的组织。”这就是为什么美国医院联盟建立在如此高的道德标准之上。

3. 责任。博文德和美国医院联盟的其他领导者们在不是必须采取行动的情况下并没有干等着政府来救助或者只依靠政府救助。他们和州政府协调，以便能够动用一些直升机并且获得亚利桑那和新奥尔良的机场的使用权。

他们不仅从各种渠道调来了一组由超过24架直升机组成的航空队，还利用地面的救护车和公共汽车极大地增加了空中运输能力，安全保卫部队也用上了，其中一些甚至是匆忙组织起来的。

4. 沟通。博文德和领导者团队在整个操作过程中都尽了他们最大的努力保持彼此的沟通顺畅。因为电子邮件是最值得信赖的沟通工具之一，他们用“美国医院联盟成员名单”来保持每一位成员每天的沟通、交流、联系。

《华尔街日报》事后这样描述道：“美国医院联盟在条件恶劣的情况下将那些病重患者全部安全撤离了。当时的飞行条件糟糕，没有电，电话信号微弱，不时还有火星冒出，但是他们的成功撤离是新奥尔良营救行动的典范。”很明显，灾祸能够凝聚一个强壮的、强有力的领导者的团队。

经验六：你的履历和家世都是没用的

危机下的需求通常是不等人的。危机威胁着所有，不论你是穷人还是富人。把一个司机放在一辆法拉利或一架直升机上，然后以每小时150英里的速度前行，无论坐在哪一个里面都有可能丧命。两者都不会考虑这位司机曾在哪所学校就读，也不会关心他（她）之前是不是车开得很好。此时此刻，这个司机唯一能做的就是顺应危机状态下的需求，没有任何特权。当最佳商界领导面临这种情况时也是如此。下面举三个例子证明。

英国王子安德鲁在马尔维纳斯群岛战斗

人们总是对险境中表现出的平等主义津津乐道，为了迎合大众需求，英国媒体报道了英国王子接受军事训练时的情况（作为一名皇室成员，是必须要接受军事训练的）。安德鲁王子一直是受传统教育的，然后通过了英国桑德赫斯特陆军军官学校的考试。安德鲁王子，这位约克公爵殿下，就这样展开了自己的职业军旅生涯。1982 年，英国殖民地马尔维纳斯群岛（位于南大西洋的英国自治殖民地。在南美洲南端的东北方约 480 千米。——译者注）被阿根廷军队入侵，点燃了马尔维纳斯群岛的战火，安德鲁王子正是在那种危机状态下参战的。他在名为“无敌号”航空母舰上服役，而这艘军舰在收复马尔维纳斯群岛的海军任务中承担着旗舰职责。

尽管知道安德鲁王子有可能在战斗中牺牲，但女王陛下仍然坚持要安德鲁王子坚守在他自己的岗位上，作为一名直升机副驾驶员参加战斗。在整个战争过程中，安德鲁王子执行了大量的飞行任务，包括反潜作战、反地面作战搜索等。值得一提的是，他的船作为诱饵去引诱阿根廷反舰导弹的发射。我没有发现有证据表明是否有人曾问过英国女王她为什么要让她的儿子去参加战斗，但是那样的参军经历的确能帮助一个领导者建立真正的价值和真实的能力。

美国橄榄球明星帕特·蒂尔曼在阿富汗战斗并牺牲

职业橄榄球队员在美国的地位和英国皇室在不列颠的地位是不相上下的。所以当亚利桑那州红雀国家橄榄球队队员帕特·蒂尔曼放弃了 360 万美金的橄榄球合同转而入伍时，整个国家都震惊了。他并没有大张旗鼓、沸沸扬扬地离开，体育记者们后来才意识到了他的真诚和谦逊。蒂尔曼在阿富汗的一次巡逻中不幸被射中身亡后，他的球迷们聚在一起声讨这不可饶恕的、不分青红皂白的战争是多么的残酷——具有讽刺意味的是，蒂尔曼悲惨的结局竟然是拜“友军误伤”所赐。体育专栏作家蒂姆·雷登（Tim Layden）在2004年4月举行的纪念蒂尔曼的仪式上说道：“他身上有种罕见的单纯，我从没在其他人身上见过，我也不认为我能很快再见到这种珍贵的品格。”

福特公司首席执行官比尔·福特主动让位

在危机环境中的领导者的优势在于他们的牺牲能换得真正的尊重。但在高风险环境中，一个人不会由于自身背景优越而赢得这种真正的尊重。当一个家族产业深陷在危机中时，那种变化莫测的现实真的会给予你沉重的打击。在最近的一个例子中，比尔·福特，福特公司的首席执行官，退休让位给他的继任者，一个从波音公司来的非常成功的高级总裁。比尔·福特如果一定要留下来掌控自家公司，也是情理之中的事情，但福特公司领导层出现的危机的本质呼唤着一次改革。尽管比尔·福特仍然保留自己执行主席的身份，但他有勇气将自己换下马。在2005年9月5日的一份新闻稿中，他这样说道：“作为执行主席，我会继续在公司的发展方向上发挥极其积极的作用。我每天都会来公司，只有当公司的前途有保障时我才会退休。”

比尔·福特充满了勇气和智慧来满足危机下的需求。不管是在生命受到威胁的情况下，还是在高端商界中，**威胁越大，原来经历过什么越无关紧要。**

经验七：利用你自身的品质改变生命或让你的行动激发大家

除非人们依靠你去树立目标、激励前行、找寻方向，否则，你就不算是一个领导者。这种依赖在危机下比在任何其他情况下表现得都更为明显。在我的采访中，我问那些危机领导者们：“你能不能描述出那么一种时刻，那一刻你的某一决定深刻地影响到了那些被你领导的人的生活或生命？”我希望能挖到一两个珍贵的故事。一个我第一批的被访者、一名登山向导回答说：“几乎每个星期都有人跟我这么说呀，说我的领导对他们的生活甚至生命产生了深刻的影响。”这话不仅让他本人深受鼓舞，也让他带领的登山队员深受鼓舞。你们可以想象我当时听到答案时有多么惊讶。

如果将危机下的经验运用到商业环境中，那么“其他人的生命”就变成了“其他人的钱”。几乎每个大公司或大企业都对人们的生活产生着影响，即使这些人只是普通的股东。关注商业改变生命的影响力是激励疲倦不堪的人继续下去的一种有效方法。下面就来举一些例子。

保险商是如何在财务危机中救客户于水火之中的

2004 年 2 月，我给一个州保险监管组的一群保险精算师们讲课。我们在演讲开始前一起吃了顿午饭，其间我不断向一位女士发问，想要弄清楚她在这个组里扮演什么样的角色。她很谦逊，说自己现在的工作毫无情趣。于是我继续问她，如果这个州监管组不存在了会出现什么样的情况。

她非常详细地向我进行了描述，完全不受监管的保险商会变得何等腐败，处事毫无公平公正可言。失去的财富、被毁掉的生活、用来对待消费者的卑劣方式、生意失败而丢掉的工作等这些后果她都可以预见。在列举完一大堆灾难过后，我问她：“由于你的存在而避免了上述种种灾难，感觉如何？”

她看上去十分震惊。她停顿了一下，说道：“以前从来没有人这样问过我。我为能这样帮助别人感到非常高兴。”这就是那些奇妙的时刻之一，一个演讲者把他预先准备好的演讲材料放在沙拉盘子下面。她向我描述了没有保险监管师会是怎样的生活状态，而我则利用了这点将危机领导者挽救生命的特点和组织的目标和使命相连。**再没有什么比你知道你挽救了一个人的生命更让人满足的事了。**这些保险监管师满意地离开了他们的餐桌，因为他们明白了即使只做保险精算师，也能挽救人们的生命。

医院怎样从失去生命的错误中吸取教训

其他行业与死亡的联系可能更为明显。2006 年 10 月的一次会议中，我遇见一个重点大学医院的首席执行官，他是一名获得了工商管理硕士学历的内科医生，手里权力很大：每年 4 万个外科手术，120 万例门诊手术，10 亿美金的收益，旗下有1000 多名医生，而且这1000 多名医生同时也是大学医科学院的教师。他向我讲述了一个非常悲惨的故事，由于他们医院医生的失误而导致了一桩重大的器官移植医疗事故：将不合适的器官移植到了病人身上，随后病人便死了。

随之产生的后果相当可怕。医生通知了死者家属，家属本来有保留的乐观情绪瞬间变成了绝望。包括医疗保险机构和国家器官捐献组织在内的各种医疗监管机构都立即被告知了这一情况，这位医院的首席执行官说他在第二天一早就见到了这支由 10 人组成的手术队伍。他让他们讲述了手术前和手术中所采取的每个步骤，想要弄清楚到底是怎么回事儿，怎么就把这个错误的器官移植到了病人的身上了呢？他回忆说，自己当时被惊呆了，因为从器官的分配到器官的运输，再到器官移植，整个过程是如此的不正规。用他自己的话说，整个流程错误百出。

媒体对这个医疗事故十分关注，在这个手术结束后的 36 小时内，这位首席执行官就被做了 30 多个访问。所有信息都是关于人的：对死者家属的同情，强调这个错误是由于糟糕的体制和糟糕的流程所造成的，而非有人故意为之。

他从这个危机中学到的教训是这个故事最让我震惊的地方。他利用这次事关生死的事件引导自己领导的组织做一些有益的改变。这次生命的代价让这家医院认识到了危机的存在，他们决心从以下4个方面努力，以避免将来再次发生类似的灾难：

1. 识别。寻找组织中存在的弱点。这次事关生死的事件，包括这桩悲剧本身，都让这个团队识别出了他们流程中存在的弱点和风险。医院各部门之间的相互监督、相互制衡可以修复上述弱点，从而消除可能犯错误的潜在风险。尽管这好像有点晚了，就好像马儿已经跑出了马厩才关上马厩的门一样，但是亡羊补牢未为晚也，这是整个组织往前迈进所必须迈出的第一步。

2. 多样化。要在全组织上下彻底解决问题，而不是仅仅治理那些引发问题的部门。危机中体会到的悲伤和心痛会让组织中的成员去审视那些与此次事故不是很相关的部门，并且更加积极地想办法解决流程方面的问题。这次事故也让我们把整个组织的问题逐一消灭了，而不仅仅是完善了器官移植流程。这非常重要，因为和其他危机环境一样，医院发生事故和偶然事件的可能性极大。这个行业的本质就是处理生死攸关的事情，这种危机环境要求大家在下一个问题演变成疾病、伤痛甚至死亡之前就发现它、解决它。

3. 适应文化。改变组织文化。用这位首席执行官的话说，员工自行发展出了“一种负责任的文化氛围”。人们会自觉地去质疑他们在做些什么，是否是在遵照流程办事，而且他们之间的谈话也变得很坦诚、很公开，这一点在这个悲剧发生之前是很难做到的。

4. 扩展。分析其他惯例和其他流程。一旦医院的员工们发现在自我检查的新文化氛围中存在某些风险和弱点，他们就会追根溯源，找出那些滋生问题的惯例和流程，对它们加以风险管理，而不仅仅是处理某个具体的、细微的风险和弱点，这样一来，所有的风险和弱点就能在第一时间被发现。

在医院这样一个很难预防灾难发生的环境中，想让员工们摆脱掉某种程度上对他们来说已经很明显的东西确实有些冒险：上述这家医院员工们的行为足以挽救很多生命，但正因如此，那里更加需要不同的领导习惯和管理习惯。危机领导力的经验告诉我们有些人要成为提醒者，提醒人们改变生命的影响力是多么的鼓舞人心（正如本章中提到的那个登山向导）。

这些提醒会让大多数人认真地思考他们自身以及他们所在的组织能为他人的生活乃至生命增加些什么价值。

经验八：领导力有效性是跟情景有关的

没有处于压力下的组织能够被相对平庸的领导者领导，而且危机来临之前这个组织和这位领导本人都无法意识到组织中领导力的不足的问题。然而，危机下的领导者责任重大，在领导过程中不允许有丝毫闪失，因此，必须杜绝这种自欺欺人的现象，领导者要清楚自身能力，追随者要了解领导者是否能担此重任。比如，一位前师长，三星上将，最近在我们的“黑色黄金领导力”论坛中给军官学校的学生们讲了一个故事。该论坛由一系列讲座组成，会邀请一些高层领导者和几小拨学生们分别进行近距离的交流，发表演讲。

这位将军讲到在进入阿富汗的途中，他剥夺了几个排长的指挥权：这几个排长的领导能力在和平时期还算马马虎虎，但是在战争状态下，追随者们需要更好的领导，所以解雇这些虽然很想当好领导但是领导力较弱的排长就十分有必要了。那么什么时候才是你的组织认为事情开始变得糟糕，需要换人的分界点呢？

高压政治并不是一种有效的领导策略

2003年2月，在美国军队3月离开科威特往北开赴，穿越伊拉克的沙地去巴格达之前，伊拉克的领导者能够完全控制住他们自己的军队，这是他们自己的评价。然而，在我2003年4月对被俘的伊拉克士兵进行战地访问时，却发现并没有证据证明激励士兵们的是一些精神层面的感召，比如爱国主义或者抵御侵略的义务等。相反，伊拉克战俘们几乎众口一词地说伊拉克正规军的士兵都是在高压政治下才能被调动起来。有个战俘说他被叫到阿拉伯复兴社会党办公室，然后被强迫参军。我想知道他们都使用了哪些征兵的伎俩，于是就让他描述了一下自己都遭受过哪些高压手段。他回答道："他们切断了我们的食物供应，折毁了我们的房子，毁掉了我们的家庭，知道我不参军后他们还把我关进监狱一年，而且不断地折磨我。为什么呢？就是因为我不想参加军队。"

在阿拉伯语中Sumoud的词意是"忍受"或者"坚定"，是阿拉伯文化中被普遍接受的一种价值观，尽管这个价值观并没有在被我采访的伊拉克士兵身上体现出来。他们是由于害怕复兴社会党员报复才这么做的，如果他们不履行当兵的责任或不去战斗的话，他们害怕会遭到阿拉伯复兴社会党或萨达姆突击队（一个敢死队，专门处决那些逃亡者）的惩罚。伊拉克的士兵给我讲述的那些故事中提到，如果被怀疑可能会逃离他们的战斗小组，他们就会被阿拉伯复兴社会党弄进监狱或者处决。当我问他们有没有被体罚时，一个囚犯这样回答我："没有，他们没有打我，但是他们把我关进了监狱。比如说，我有7天缺勤，他们就会把我关进监狱里15天或者20天。"另一个囚犯说到了他1989年加入伊拉克军队的情况，他的全部时间不是处于擅离职守的状态就是被关进了监狱，通常都是被关进那个臭名昭著的阿布格雷布监狱。该监狱位于巴格达，由伊拉克政府管理。他被从监狱里放出来去打仗。我问他是喜欢现在这个美国战俘营里的环境，还是更喜欢原来他被关的阿布格雷布监狱里的环境，他回答道："现在这个监狱好多了。"伊拉克士兵们总是无一例外地扔掉手中的武器，宁可与敢死队决一死战也不愿参加战斗，这显然是高压政治的表象，因为暴露出来的武器使他们成了美国兵的靶子，尽管他们已经很想逃离了。

危机经验告诉领导者，在压力压迫组织之前，每天都应该让追随者对自己的危机管理才能多一分信赖感，使得这种才能的影响力更大。养成和危机领导者相类似的领导习惯，学习、研究和模仿那些危机领导者，是我知道的建立信赖感和影响力最好的办法。这里要学习研究的可不是那些危机处理者，也并非那些心甘情愿被卷入危机中的普通领导者。危机领导者都是非常专业的，就像一句谚语常说的：**"练习不能使事情完美，只有完美的练习才能使事情完美。"**关注那些能将高风险情形处理得十分得当的领导者，而不是忙于应付计划不周或命运不济的领导者，这一点至关重要。

如果你正在领导一个公司或者一个组织，你的领导能力有多少是基于你这个位置所赋予你的权力，而不是人们愿意追随你共同实现目标的厚望？如果你不能回答这个问题，那么请你到能回答这个问题的时候再去评估你的影响力，这样的评估才有意义。我有个朋友，在曼哈顿创建了一个非常成功的咨询公司，他认为是人们总想只依赖职位所赋予的权力来进行领导——这种权力有时会被高层管理者赋予错误的人。官僚机构里存在着这样一种非常丑陋的状况：把一个资质平庸的领导者从一个关键岗位上升职到一个非关键岗位比把他（她）解雇要容易得多。我的朋友还说他发现这种情况在女性领导者和少数民族领导者身上更为常见，因为解雇他们，公司会面临更大的被起诉的风险。公司雇佣他，让他来帮助那些领导者，因为高级领导者知道单纯由职位带来的权力很快会随着时间的流逝而消失，并且在重大危机面前也会迅速消失。后一种情况在危机环境中表现得尤其明显。

几乎不依靠人力资源的基础管理工具就能管理下属的领导者是很少见的。这里提到的人力资源的基础管理工具包括报酬、奖金、工作条件、工作保障、福利等。每个领导者都应当保证当所能提供的优势受到威胁或在困难时期中这些优势被取消时，组织仍然能有序运作。随和并不是解决之道。大多数伊拉克被俘获的士兵把他们的长官描述成不好接近的，但并不是危险的。事实上，许多长官是基于政治原因被提拔上来的，他们的士兵并不认为他们的领导才能或战斗才能有多厉害。有个战俘这样对我说："军官们根本毫无经验。但是好像有个什么政府条文，说普通士兵们如果能去军事学院学习6个月，那么毕业后就能被提拔为军官……他们有的是阿拉伯复兴社会党的党员，只要是这个党的成员，就能被提拔成军官，不需要任何专门训练。"

伊拉克士兵们说他们时不时就会向他们的长官请假（或者贿赂他们的长官），希望能够每个月回家待上10天。这种情形使得军官和入伍士兵之间几乎没有什么尊重可言，即使他们之间的关系并非咄咄逼人，有时候甚至是友好或愉快的，但就是没有尊重可言。令人大为惊奇的是，士兵们害怕被报复的恐惧往往并非来自伊拉克军队中的领导者。一些伊拉克战俘说，如果他们的长官非逼着他们战斗，他们就会把他们的长官杀死，然后去投降。

这种情形当然不仅仅是发生在伊拉克军队里，实际上，越战快结束时的美国军队也出现过前线领导强迫手下战斗而士兵们不情愿的现象。在一篇名为"美国军队的凝聚和瓦解"的文章中，作者保罗·萨维奇（Paul Savage）和理查德·加布里埃尔（Richard Gabriel）详细地阐述了无纪律是如何转变成暴力的。利用国防部的资料，他们发现在战争的最后4年（1969—1972年间），有"788个带爆炸装置袭击"，针对美军领导者且非敌方所为——一般被称为士兵（用手榴弹等杀伤性炸弹）

杀伤军官的行为。这些袭击导致86人死亡、714人受伤，且大部分都是美国军官。领导者在温和环境中可以强迫他人，但是在危机环境中，强迫性的命令并不起作用。

领导者应该努力让组织不要成为只依靠物质奖励激励人们来工作的组织，那样的话，组织及其员工之间有的只是一种交易。一旦组织中的人们感觉受到了威胁，这样的策略就会失效。

经验九：最好的领导者是想成为充满激情的领导者

想想那些危机下的领导者，特别是那些公共服务部门的领导者所面临的挑战和背负的责任。我们大多数人都会同意警察、消防队员，以及军队领导者是值得尊重的。然而，需要花费相当的脑力才能明白他们肩负的责任有多重大，才能了解他们是怎样影响他们的追随者的。例如，没有一个登山者考虑过他们的向导是否是被强拉进这项运动的。因此，如果你在为你的组织选择领导者的话，要选择那些想要领导他人的人，而不是那些只想往上爬的人。

政府或者公司的人们经常会与危机领导者形成强烈对比，当他们不想领导的时候却发现自己正处于领导岗位上。有时，由于人们承受不住领导权位带来的权力和奖金的诱惑，在自身不具备作为领导者必备的承诺、经验、技能、决心前就成了危机环境的领导者。显然，伊拉克军队里过度依靠政治任命来委派指挥官和将军的行为，都在两次海湾战争中尝到了苦果。在美国同样引起争论的例子是迈克尔·布朗，联邦应急管理局（FEMA）的前指挥官。

被“卡特里娜”飓风吹走

迈克尔·布朗在作为国际阿拉伯马术协会的负责人和指挥官卸任

后，被布什总统任命领导国家灾难事务局。布朗在2003年开始全面掌管联邦应急管理局，事实上，他本人在危机领导和危机处理上并没有任何经验。他最初来到联邦应急管理局是2001年，担任联邦应急管理局当时指挥官乔·艾尔巴（Joe Allbaugh）的法律顾问。艾尔巴曾经是2000年布什竞选总统班子的管理者。布朗在艾尔巴离任联邦应急管理局指挥官一职后接任了这份工作。

尽管美国民众都非常清楚联邦应急管理局在处理历史罕见飓风“卡特里娜”时困难重重，但是一个非常沮丧的路易斯安那州的国会议员查利·迈兰根（Charlie Melancon）——他的选区就位于新奥尔良南部，在此次飓风袭击中遭到了严重破坏——公布了一部分布朗写给追随者的电子邮件，这些电子邮件毫无疑问成了电子档案，充满讽刺地记录下了一个领导者在生死存亡的关键时刻和他下属的沟通情况。这些电子邮件反映出了布朗不仅在了解局势上的能力不足，而且在应对危险局面时不能下达有效命令。例如，布朗在新奥尔良的一个下属马丁·巴哈蒙德（Marty Bahamonde）给布朗写信说道：“长官，我知道您明白局势紧急，但下面这些事情也许您还不知道。酒店开始往外赶人了。数以万计的人们聚集在街道上，没有食物，也没有水。数以千计的人们还刚刚被从自己家里营救出来。垂死的病人在灾难医疗救助队的帐篷里等待救伤直升机运送。估计几小时内就会有许多人死去。人员疏散还在进行中。疏散计划正在展开，但是酒店那边出现的状况使事情变得棘手。帐篷里的食物和水都已经用完了，请在制订计划时强调这一紧急需求。联邦应急管理局的工作人员们还好，都在努力坚持着。联邦应急管理局工作人员们的工作环境极其悲惨。我们如果能将病人们尽快疏散出去，那我们的工作人员也就能尽量疏散出去了。电话根本打不通。”面对这个近乎绝望的情形，布朗是这么回复的：“谢谢你告诉我近况。有什么具体的需要我做的吗？”

危机领导者必须和下属们一起分担风险，且为了掌握局势必须身处其中，成为整个事件的一部分。如果布朗立即在一个能与华盛顿保持顺畅沟通的地方建立起一个指挥部，并且立刻乘坐直升机前往受灾严重的地区和他那些尽职尽责的下属们并肩作战的话，那么布朗将会赢得更多信任，同时更能顺利完成接下来的领导任务。这种策略太基本了，事实上，任何一个军队里的上尉或者少校都会立即采取这样的行动。

其他电子邮件则向民众展现出了一个唠唠叨叨、言行轻浮的领导者，将数以万计的新奥尔良居民的生命玩弄于股掌之间。下面是一些布朗和他下属间的令人“过目难忘”的通信（不得不承认，有些言语和当时的情形极不相符）：“我感觉我的心脏要跳出来了，但是，嘿，我们不正在努力赶紧离开这儿吗？”“上次骚乱好像是劳动节那天。现在我被困住了，快来救我呀。”在提到他在接受新闻记者采访时的着装时，他说：“我在 Nordstorm 买的。给麦克布赖德（McBride）发电子邮件，得让她知道这件事儿。你们为我骄傲吗？我现在能辞职吗？我现在能回家吗？”

2004 年 9 月 12 日，这位联邦应急管理局的领导者终于下台了。在布什总统跟他说“布朗啊，你的工作简直做得太糟糕了”之后不到两个星期，他就辞职了。布朗下台是为了回应在“卡特里娜”飓风侵袭了墨西哥海湾，造成 1200 多人丧生后，联邦应急管理局反应过慢的充满愤恨的指控的。他谴责路易斯安那州州领导人以及地方领导人在“卡特里娜”飓风到达后没有当机立断地采取应对措施，他为联邦应急管理局应对这场灾难时采取的方法和措施辩护。

尽管我不会再强调说导致这样的结局是因为布朗并不想领导联邦应急管理局渡过危机，但是布朗作为危机领导者短暂的任期确实反映出了**领导者的热情、承诺以及坚持是多么重要。**

如何将危机领导力运用到你的组织中

想想看，其实危机下的领导力和日常生活中的领导力之间的关系就像一组平行线一样，在本质上是相同的。危机环境要求的领导者行为可以服务于各种领导目的。危机领导力的原则不是灵丹妙药，不能解决一切问题，也不是放之四海皆准的领导力风格，但是，它能够提供给领导者在领导公司、社会部门，面临富有挑战的危机下一些解决问题的方法。

一旦你理解了这种危机领导力的概念怎样和你自身的领导力结合起来，下一步要做的就是如何培养其他人的危机领导力。第三章会告诉大家如果把危机领导力当作一把标尺，将如何用它塑造出一位合格的领导者。它将阐述关于危机价值观和危机性格特征，并且阐述如何培养下一代危机领导者。

总 结

1. **激励和学习一起发力时，效力最大。**一般的领导者激励他们的追随者更加努力地工作，但是杰出的领导者激励他们的追随者更加睿智地工作，这也是创新通常发生的。杰出的领导者能帮助他们的追随者学会更好地了解所处环境，增加他们的创新能力、分析各种潜在后果的能力以及批判性思维。记住丽贝卡·卡尼斯是怎样利用一种全新的方法统计出纽约市无家可归人的数量的，又是怎样改变组织方式来解决这个问题的。最后，领导者应该指引追随者将目光聚焦到新的解决方案、看起来不能解决的问题，以及那些尚未解决的问题上。

2. 分担风险能够提高领导者的可信度，并增强领导者在险情下领导的有效性。中校克里斯·休斯通过和他的士兵们分担面临的风险，并运用自身具备的文化意识平复了紧张的群众，成功地化解了伊拉克清真寺外面可能发生的暴力一幕。

3. 你的生活风格向你的追随者们揭示了你的价值观。伟大的领导者通常都是谦逊的。记住理查德·卡瓦佐斯在要接受一个更高职位时，跟他的士兵们进行告别并从他的一名手下那里学到的东西：至少有一名士兵感觉他要抛弃他们这个团队，于是他放弃了这个更高的职位，留下来和他的士兵一起在前线继续战斗。同样，“咖啡伴侣下士”让他部门的其他 8 个海军下属每天都能吃上一餐，而自己只留下咖啡伴侣充饥。你的生活方式向你的追随者展现了你真正的价值观。真的，事实就是如此。

4. **当你开发才能时，你也在开发信任和忠诚**。这三个特征总是不可避免地交织在一起的。一些领导者试图通过一些打高尔夫球或者举办团队建设活动等社交活动来建立信任和忠诚，但是信任和忠诚的问题是不可能通过一次简单的攀岩活动就能解决的。相反，将自己的专长展现给你的追随者，告诉他们凭什么对你信任有加。不过记住，你在展现才能之时，不要让他人难堪。因为说到底，领导的目的是帮助你的下属成功，而不是要展现你的成功。

5. 危机威胁。不管是对公司还是对个人，这一点都能揭示领导者和追随者的真正性格特征。**危机能凝聚一个强大的团队，也能毁掉一个弱小的团队**。记住有多少伊拉克士兵是自愿投降的，因为他们不信任他们的领导者，对他们的领导者没有任何忠诚可言。他们是一个弱小的团队，所以当他们面对美国士兵带来的危机威胁时，他们选择放弃战斗。与他们形成鲜明对比的是，杜兰医院却是由一个强大的领导者领导的强大队伍。当面对“卡特里娜”飓风时，这个强大的团队把他们所有的病人和员工全部安全撤离出了险境。其实，在伊拉克和新奥尔良这两个例子中，他们如何反应早在危机到来之前就已经注定了，危机只是暴露了它们每个组织自身真正的性格特点罢了。

6. 你的履历和你的家世是毫不相关的。不管你家境富裕还是家徒四壁，危机对富人和穷人都存在着一样的危险。我说过，如果你把一个司机放在法拉利跑车上或者放在直升机上，以每小时150英里的速度行驶，两种交通工具都代表死亡的可能；没有一种交通工具会在乎这个司机是去学校接送孩子或者在乎他（她）

过去驾驶技能多么出色。司机在那个时刻必须表现得符合危机情况下的要求。最佳领导者的做法都是一样的。记得英国王子安德鲁的例子吗，他在马尔维纳斯群岛上作战；还有橄榄球明星帕特·蒂尔曼，他在阿富汗战场上英勇牺牲；以及福特公司的首席执行官比尔·福特，他果敢地把家族企业的领导权让给了一个非家族成员，因为这个人可以更有效地领导福特公司。

7. **利用你难能可贵的品质或行动去激励他人。**从全新的角度试想一下你的领导在哪些方面影响了你的追随者和你所在的组织。回忆一下，那个保险监管员一直认为她的工作是平庸无趣的（因此对她来说，也是一份无关紧要的工作），直到她意识到她正在帮助客户预防那些可能毁了他们生活的财务灾难。此外，你也可以从你的错误中吸取教训，如那家医院在一次器官移植手术失败后改变了它的操作流程，完善了系统。

8. 领导力的有效性也许是视条件而定的。不面临压力的组织能被一个相对平庸的领导者领导，而且无论是这个组织还是这个领导者本人直到危机发生都不会意识到这个领导者能力不够。确保你的领导力不仅仅是职位所赋予的，此外，看看你的组织与员工之间的关系是否属于交易型，即员工们是受金钱、奖金、好处等的诱惑或害怕被老板辞退才来工作的。一旦这些员工感到受到了威胁，这些投机目的就会消失殆尽，而通常情况下，那时那刻正是你最需要人帮你渡过难关的时候。

9. 最好的领导者总是充满激情地想要成为领导者。他们是发自内心地想要领导他们的追随者获得成功，他们并不只是想在权力的阶梯上爬得更高。**确保你真的是想要领导你的队伍，而且有能力领导好。**记住，当一个人并不真正对任命的职位感兴趣时会发生些什么，就像前联邦应急管理局指挥官迈克尔·布朗在他处理“卡特里娜”飓风产生的影响的电子邮件中揭示出了什么。

3

危机领导力模式

危机能够增强领导者的领导力，这种观点多少有点新颖。至少在此之前，没有任何一位写有关领导力方面的书的作者阐述过这种观点。直观上说，一些有经验的人认为虽然经历过的险境对于他们来说和战争一样糟糕，但他们的确在经历险境的过程中有所成长。本章直接阐述了人**们为什么能在危机下发展成为领导者。**

首先，我得解释一下危机领导力是如何与真正领导力理论相适应的，这是一种现存的、学术性较高的领导力理论：**恶劣、无情是险境的本质特征**，处于该种环境中的领导力必须是**真实的、可信的**。其次，本章将考查危机领导者们的**价值观**以及他们的**性格特征**。再次，我会把理论应用到实际中去，向大家展示伟大的领导者是如何通过观察危机领导者的言行，从而得到相应的法则来增强自身的领导力的。最后，我将解释为什么传统领导者增强领导力的方法往往无法达到他们的目标，并且解释危机领导力是如何改善传统领导者的发展方式的。无论你是想要发展成为商界领导，还是社会部门领导，甚至是危险的公共部门领导，有一点是非常重要的，即要认识到险境对于杰出的领导者来说不仅仅是严酷的考验，同时它也代表着另一不容更改的事实，那就是在险境中需要，同时也能够揭示领导者发展的真实的、成功的途径。

界定真正领导力

真正领导力理论是新兴的学术性领导力理论中最为流行的一个。该理论的一个核心理论是：追随者有能力觉察出一些人在尝试领导时缺乏真诚，或是对管理策略存在一种错误的认识。与这些人相反，**真正的领导者自信、乐观、品质高尚，并且对自己的想法、行为、能力和价值观都有非常清晰的认识**。真正领导者的代表会在脑中浮现的是，比如，“她就是真正的人”，“你所看到的就是你所得到的”。下面两个例子均体现了这一点。

真正的领导者不会置身于纷争和危险之外

我们采访队伍中的一名记者在阿富汗工作，他遇到过一位陆军中校，这位中校同时是一个营的指挥官。当两名战友死于阿富汗街道边的临时爆炸装置时，中校意识到他的士兵们开始动摇了。因此在执行下一次任务前，他和部下们进行了谈话，而且更为重要的是，中校选择作为队伍中的一员，和自己的部下一起执行任务，一道承担风险，接过他们所要承担的重负，以一名普通成员的身份给予部下指引——中校并没有篡夺一名实际领导者的权力。

另一种情况，少校、第25轻型步兵师统帅埃里克·奥尔森（Eric Olson），放弃了他在阿富汗巴格拉姆指挥部里相对舒适的生活，在圣诞节早上，突然乘飞机到达了最偏远的一个军事基地。在那里，他选择了两个正要准备外出巡逻的下等兵，然后用他本人的专机将他们送回了巴格拉姆，让他们放松，吃喝玩乐，享受这个假期。然后奥尔森和他的副官一起承担起了那两个下等兵那天的巡逻任务，他没有享受给予将官的特殊待遇或者津贴，也没有在他的总部享受假期，而是和步兵们一起坐在无遮蔽的悍马上执行任务。

奥尔森无私的行为立即赢得了积极的回应，正如一个士兵所说的："奥尔森本人坐在卡车的最差的座位上和我们一起巡逻警戒……这让我们这些低级别士兵对他能够担任我们的领导感到非常高兴。"那两位被送回总部休假的士兵都延长了自己的服役期。

这样的领导者在能够想象到的最糟糕的环境下工作，并且不断完善他们的领导技能，这使得他们成为真正的领导者。**真正的领导者同样也应该能够了解其他人的性格特点**：对于他们来说，辨别事物真伪是一件很容易的事情，而更为重要的是，真正的领导者能够一眼就识别出那些没有经验的领导者——这些领导者的初衷是好的，但是他们需要指导。正是由于这种能力，**真正的领导者能够成为优秀的导师。真正的领导者能够高效地领导、控制部下并使他们对自己忠诚、服从、钦佩和尊重，而乐观向上、充满希望、富有生机的品质则是关键所在。**

因此，在那种尤其关注领导者这些品质的环境下，真正的领导者能带给追随者独特的、强大的影响力。特别是在危机下，在追随者感觉到他们的生命受到了威胁时，乐观向上、充满希望、富有生机的品质可以说是对他们未来生活的承诺，因此，他们会迫切地寻找这些品质。

让我们来看看哲学家格伦·格雷（Glenn Gray）在他的回忆录《战士们》里对自己参加法国诺曼底登陆战役（发生在1944年6月6日，是第二次世界大战末期的重要战役。——作者注）时受袭的经历是如何描述的吧：

我们的登陆艇在第一拨步兵行动后几小时出发，而我则趴在登陆艇上的吉普车下面。敌军的炮弹不断地在周围的水面上爆炸，我确信下一个炮弹将正好落到我们头上。期望吉普车能够保护我免遭德军的炮弹，这种想法是相当愚蠢的，但我不能站起来，趴着比较安全。之后，在机器装备的一片混乱中，我看到一位美国军官，一名海军上校站在船边，嘴里叼着香烟。当他把烟灰弹到水里时，我被他的举动震慑住了。他的手一点儿也没有颤抖，也许他曾经在史泰登岛渡轮上待过。接着我不由自主地非常感激他。很明显他暴露得比我多，但他并没有失去理智。那时那刻我想爬过这些机器装备，爬到他身边，紧紧地抱住他的膝盖，充满敬意地仰望他……看着他，我慢慢地镇静下来。因此，当我们的船抵达岸边时，我能够坐进吉普车并且开着它快速地越过波浪，冲上陆地。

人类是群居动物。我们通过观察他人对于事物的反应来理解我们周遭所发生的事物。这种现象体现在我们生活的各个方面，而在危机领导者及其追随者所处的混乱的、不确定的、危险的环境中体现得尤为明显。**真正的领导者能够脱颖而出**。因此，极端的危机环境是寻找真正领导者、评定领导正宗性，特别是培养领导者的理想环境。

危机领导力模式是基于价值观的吗

自从价值观导向被作为专业术语第一次用来描述领导者及领导力以来，就产生了很多讨论，讨论以哪种价值观为导向更合适。在著名心理学家米尔顿·罗基奇（Milton Rokeach）早期衡量美国人价值观的著作中，价值观被简单地定义为人们最珍视的某些观念，比如，生活、自由以及对幸福的追求。在某些特定的圈子内，基于价值观的领导力意味着保守的社会价值观或是和宗教信仰一致的价值观。

有趣的是，我在工作中访问过的危机领导者们，不止一个人认为自己是信仰宗教的（虽然有将近 1/3 的人认为自己是信仰精神的）。我认为我一直笃信一条自明之理：“在避弹坑内没有无神论者。”直到我为写这本书展开了一些访谈并和一些人谈了话为止——虽然身为有神论者，但似乎这些人也会从飞机上跳下或开着坦克上战场。当人们处于危机下时，很明显，不论他们信仰上帝还是来世，人们都会特别珍视他们自己的生命，而且通常也会珍视他人的生命。

生死关头，领导者可能会因为感觉到自己对他人的生死存亡责任重大而暂时停止用宗教的思想思考问题，不再去考虑什么来世。他们会对周围环境保持高度集中的注意力，在当下这个现实存在环境中做出反应。**不论处境多么岌岌可危，领导者也不会将肩上的重担交由环境、神明或者命运来承担。**重新回到《战士们》这本回忆录中，让我们来看一下作者格伦·格雷是如何描述生死关头，信仰宗教与不信仰宗教的士兵所表现出来的不同反应。

> 当在一次战斗中存活的机会大大降低，而且就像以往任何战争中一样，死亡必将发生时，这种不同表现得淋漓尽致。此时有宗教信仰的士兵几乎从不退缩沮丧。是生是死都是由更强大、更明智的力量决定的，而不是指挥官的命令。在这种力量的支配下，有宗教信仰的士兵会很满足地在心中反复默念“愿你的旨意行在地上”或意思相近的箴言。这种士兵的敌人常常惊异于他们能够如此勇敢地面对死亡，有时甚至被深深震撼。

想象一下自杀式爆炸者，他们会很平静地走进人群之中，然后引爆自己身上的炸弹，牺牲自己的生命，成为殉道者。

相似的，在不允许有丝毫差池的极速跳伞运动中，一些新手在遇到故障时会“害怕得像只兔子（英语中，兔子是胆小、懦弱的象征。——译者注）”，他们太害怕了，以至于不能对眼前发生的状况做出一点儿反应，就那么没有任何挣扎地一头栽到地面上。为了避免这种状况的发生，技术人员研发出了一种可靠的、能够自动开启的气压检测装置，并将其应用于备用降落伞上。当一个人自由下落到低空但不能人工打开备用降落伞时，这种装置将会自动打开备用降落伞（有趣的是，在跳伞这项极限运动的文化中，一个靠上述装置自动打开备用降落伞的人会被禁止再次参与跳伞）。至今还没有人研究过那些遭遇故障的跳伞者在自由下落时不能做出任何反应的现象，因此也就无法得知宗教信仰是否会影响跳伞运动员在空中的殊死搏斗。

无论对可感知到的必然死亡的反应如何，在真正的危机下，我们只能经历一次接受死亡必然性的机会。当危险达到可以感知到死亡必然发生的那个点时，一个只注重外在的领导者经受不住沮丧或宿命论，相反，最优秀的危机领导者在最终没有被周围环境征服之前，都会始终保持乐观，充满希望和活力，与命运相抗争。**领导者的工作是创造别人经历过的命运：**领导者本身不是上帝，但他们是命运的主宰者，因为从某种意义上来说，他们的目标和作用是去珍惜、爱护那些处于死亡边缘的人的生命。

将真正的价值观灌输到人群中是很难的。那些信奉基于价值观的领导力的组织经常寻求某些方法来把这样的价值观嵌入到他们的领导者和追随者的大脑中。比如，通用电气用某些技术（包括价值压缩卡技术）来确保他们的员工能够真正懂得自己公司的价值观。在20世纪90年代末，美国军队也研发出了一种价值卡，将它和人们熟悉的铭牌（军用识别牌。每一位美军胸前都佩戴铭牌，是美军现役必配的配置，用于士兵的身份识别。——译者注）一起挂在所有士兵都会戴在脖子上的那根链子上。

但是这些方法都存在着一个最根本的漏洞：缺少可信性。这让我回想起了我见到过的一些兵团（包括在韩国参加战斗的500多名士兵、五角大楼派出的团队——发明这种铭牌的人力资源部门）在接受这种价值卡时的情形：当把这种塑料铭牌发放到身处韩国边境交战区的士兵们手中时，引来的却是阵阵冷笑。而且这种反应在那些作战时间最长、作战技术最好的士兵们身上表现得最明显。一个士兵幽默地说他从没仔细地看过自己的铭牌，他认为这个办法还不如给大家发一把牙刷，在背面印上铭牌上的词句更有效，那样的话，每天早上刷牙时他们就可以在镜子里看到这些词句了。

在由首席学习官领导的行政管理或战略决策领导人培养机构中，价值观的培养似乎是一件关于人与人之间沟通的事情。**危机领导力中固有的真正特质和严峻现实将重点放在实践上，用实践将价值观深深地嵌入危机领导者的性格中去——他们是“被形势所逼，而不是被教会的”。真实的性格往往在糟糕的环境中显现出来。也可以说，危机领导力是那种和价值相连的领导力。**

任何时候都要认识到人类生命的内在价值

在我书桌的左上角，摆着一个钱包大小的皮革质黑色笔记本。当我穿上迷彩服时，我会把它放到我右侧的裤兜里。我觉得没有人曾经注意到过这个小本子——或许是因为它尺寸太小了吧，又或许是因为它被埋在我工作室里众多纸张、书本以及行政文件中时显得太不起眼了。在写这篇文章之前，没有人知道这个小本子里的内容。其实，这里面记录下的是我在军校期间教学、科研和领导力培养方面一些激励我、给予我决心的资料。里面保存了一些历届军校学员的照片，他们中一些顺利地通过了我们部门的考核，另一些通过我的帮助毕了业，还有一些在全球反恐战争打响后阵亡了。如今，这个黑本儿中22位曾经笑得那样灿烂的人已永远地离开了我们，成为一笔再也找不回来的财富。

这个本子直接记录了我工作中与那些身处战争环境下的高效领导者接触时发生的点点滴滴，同时也直接记载了他们生命的价值和脆弱，或许人类的生命都是如此吧。它让我明白了在军事院校工作的使命是多么严肃，如果没有这个本子，我可能就意识不到这一点了。它严肃地提醒我们“领导力事关重大”，**在危机环境下的领导力更是关乎生死存亡。**

对于不同的人来说，领导力有着不同的含义。对某些人而言，领导力是一个组织的效率工具，使用它似乎只需要遵循一个简单的原则：“先创建一个企业，再安排一位领导，然后通过提高生产率来抬高底线。”优秀的领导力意味着兴隆的生意，成功的商人通常被认为是优秀的领导者。对于另一些人而言，在价值数十亿美元的咨询行业中，领导力直接决定了企业的生死存亡。而对于我们这些肩负着将军校学员培养成陆军中尉的人们来说，领导力既是一种天赋也是一种技巧，它让我们的军校毕业生有资格带领人民远离充满危险的道路。这一军队肩负的使命就使得危机领导力的教学成为一种神圣的事业，不能辜负公众的信任。**我自己对危机情境下领导力的学习心得可以总结为一个词：责任。**

危机领导力往往意味着一种有形的道德义务。当生命处于危险之中时，一种不可推卸的道德责任感会使领导者尽职尽责，勇于承担。**对生命的责任感会培养出一种高度的集中力。**在这种环境下进行领导会更少注重对下属的掌控，反而会更加注重对下属安全和生存所应肩负的责任。危机对于积极领导习惯的培养来说是一个严酷的考验。

危机领导者的性格：予他人以目标、动机和方向

在真实领导力理论中，危机领导力与技巧是无关的，而与个人性格组成的真实要素以及领导者和追随者之间的关系有关。举个例子，美军领导力学说用“在·知·行”这一框架来定义一位军队领导人应具备的性格。最近，领导者研究院董事会的董事长兼主席弗朗西斯·胡塞尔贝（Frances Hsselbein）以及前军队长官里奇·申赛克（Ric Shinseck）把军队领导力学说写成一本名叫《在·知·行：军队领导力方式》的书，以此让公众知道这些关于军队领导力的理念。

这一框架最初是由一位名叫博伊德·海瑞斯（Boyd M. “Mac” Harris）的年轻陆军少校在1983年悄悄写入军队领导力手册的，他曾在西点军校教授过如何培养领导力的课程。海瑞思提出“在·知·行”的概念是为了确保作为学术研究机构的军校以及整个部队都能够认识到，想要让军官成为更好的领导者，需要的不仅仅是一套技巧和知识，**真实的性格也不可或缺**。换句话说，当领导者不是要坐稳职位，也不是在执行一项任务；而是在培养一种性格，一种能为他人指明目标、动机、方向的性格。这才是真正的领导力。在危机下，这种真正的领导力会呈现出危机领导力的特殊模式。

在领导大家的过程中，威胁、风险、危险的程度是一个极其重要的可变因素。死亡的威胁会对人类的行为产生重大影响。在对参与第二次世界大战的士兵进行研究时，塞缪尔·斯托弗（Samuel Stouffer）和他的同事发现，当新兵发觉自己的生命受到威胁时，他们会极其渴望拥有一位领导者，任何类型的领导者都可以。总之，他们希望有一位领导者能带领他们冲出险境，存活下去。假如一个人充满了不确定性或者清楚地意识到死亡将至，而且周围的环境充满危险，那么领导者是他们唯一的希望。

在心理学家眼中，一个人不断增加的死亡感被称作死亡焦虑，实验研究中监测死亡焦虑是通过让人们详尽地想象出他们死亡时周遭的环境。通过对死亡焦虑的监测，研究人员试图弄清追随者在危急关头期待拥有怎样性格的领导者。关于危机领导力的调查结果明确表明，**受访的人群更喜欢有感召力的领导者**，然后是任务导向型的领导者，最后是关系导向型的领导者。在第二次同类研究中，这些沟通包括乔治·布什（George Bush）和约翰·克里（John Kerry）的政治演说。事实上，布什竞选总统时做的很多演说都是以危机为中心而谈的——要取得反恐战争的胜利，因为恐怖主义正威胁着我们的生活。布什传递出的信息体现了他性格的多变，相比之下，克里的谈话体现了他更为理性的性格。

一位有感召力的领导者所传递出的信息能够极大地影响那些最近一直关注自身生死的人们。就像布什与克里之间的对比，在一大群人被领导时，死亡焦虑将会产生巨大的影响。而当把死亡焦虑与特殊事件的信息联系到一起时，将会直接影响政治信仰投票的选择。读者可能会想到一条近期的政治标语，为入侵伊拉克找到了一条特殊的理由："千万不要让冒烟的枪变成蘑菇云。"这样的陈述不仅是在提醒人们，而且是在巧妙地暗示情况极其危险。**即使是最轻微的死亡威胁，也会改变人们对领导者的选择。**

从逻辑上和直觉上都可以说得通的一点是，使追随者惧怕死亡的环境可能会促进那些经常在这种环境下工作的领导者发展和实施领导力的特殊模式，而这种模式就是危机领导力。积极不断地研究危机领导力对那些实施领导的人来说不免有些危险，但这类研究通过一种独特的、意义重大的方式，强调了真正领导力理论和实践的重要性。它揭示了在危机下所要求的独特领袖行为，同时也揭示出危机作为催化剂促进未来领导者发展所需行为的作用。

现在让我们以危机研究的成果和原则为起点，一起探索发展培育领导人的思想理念。

危机领导力对领导人发展有何意味

意识到危机在领导者发展过程中的价值是个好消息。这向那些专业或非专业培养领导者的人们表明、强调了真实和真诚在领导力中的重要性以及单纯的印象管理所具有的脆弱性。同时，这也指出了在第一章中所描述过的领导力关键元素：

- 危机下的内在动机；
- 枪炮下领导者的向外学习倾向；
- 无私的品质，愿与部下分担风险；
- 与部下生活方式保持一致的领导者不会给部下留下不好的印象；
- 构建领导者与下属之间信任和忠诚关系时能力的重要性。

在威胁较小的环境下，领导力是领导人行为表现的极好代表，而危机领导力即是领导力的一种例证。这些危机领导者情愿将自己的生命贡献给他们的追随者、任务以及激情。相信每一位领导者都能从危机领导力的故事，以及危机领导者令人鼓舞的品格中学到一些东西。

将理论应用到实际工作中去：危机领导者的发展

对于我们这些培养危机领导者的人来说，培养过程很简单：在危机下训练初级领导者，教他们技巧，训练他们的判断能力，教授他们如何保全他人性命。大部分极限运动——也包括警察、军人、消防员——都有既定的训练标准和训练规定，以此保证人们能以一种连续的、不断进步的方式培养起各种技巧和能力。但是在高风险行动中培养担当重任的领导者是领导力教学的巅峰，它超出了既定原则，要求更高一层的发展水平。培养这样的领导者往往需要很高的专业知识，此外，领导培训师的经验将直接影响培训进程。

举个例子来说，在跳伞运动刚刚形成的那些年里，在跳伞团队做决定和培养跳伞指导员的人往往是跳伞次数最多的人。同样，在高风险的商业银行业务中，为组织赢利最多的人常常被选中负责这个组织的正常运营。对组织动态学的深入了解让我们知道，很明显，存在更好的方法来培养领导者。

有时候放之四海皆准的教育模式和培训方法是适合危机环境的。大家都认同的第一批关于危机领导力的研究能够开展的基本原因之一是：一些军队的领导力发展培养政策和学说是基于普通的平民式的教育方法和训练原则的。举个例子，最新的军队领导力手册草案中的领导能力是由几乎没有从军经验的民间承包商提出的，而且这些领导能力看起来似乎和那些大型组织和官僚机构中开列出的领导技巧和能力没什么两样。这种放之四海皆准的方法在军队的重要部门里适用，但在军队的战斗部门就不太适用。另外，大多数实战领导方法不是基于历史趣闻，就是基于专家鉴定。而我和我的那些领导力培训师们都认为领兵打仗的中尉应该得到一些更禁得住实践考验也更适用于他们的东西。

那些处于高风险环境下工作的人——无论是在危机下还是在高风险商务环境中——应该花更多的时间来思考身处这样的环境意味着什么，自己的工作如何独特，以及自身的领导力应如何随之变化。危机下的亲身经历向我们证明，极端环境对领导者和追随者有着特殊的要求，而这一点我们往往能凭直觉感受得到。高风险环境中的领导力需要一种改良过的方法来实现，而**危机模式正是我们看到的最好方案**，也正是对这种特殊需求的准确理解。不管你是从事跳伞而不得不飞到高空，还是故意纵火来挑战消防员，抑或是带领特警部队穿越枪林弹雨，都请你认真思考研究中揭示出的那些**原则**并且充分利用自己对危机领导力的理解。

培养未来领导者的能力

熟悉下面一系列要点——可能不完整——会给你如何为那些将要面对危机的领导者设计培训或发展规划提出建议。列出的要点可能符合你的处境，又或者你必须临时凑出一条适合自身的要点，无论哪种情况，清楚地认识到预期的风险将会如何影响你对培养未来领导者的方法是至关重要的。

树立自信，而非仅仅具备职业技能，是培养危机领导者的目标。能力是赢得信任和忠诚的唯一基础。当领导者充分认识到并肯定自身能力时，我们称这种感觉为自信。充满自信的领导者传达给下属这样一种心照不宣的信息：他们应该依靠领导者的能力，因为领导者深信自己存在这种能力。因此，自信不仅对领导者自身很重要，同时追随者也必须拥有这种重要感觉，这样才能巩固组织团队。而且，环境越危险，风险越大，领导者始终保持自信就越重要。

一定要反复强调信任是靠实际行动赢来的。在危机中担任领导者的人必须十分谦逊，但我们需要那种在希望渺茫时坚定地相信自己的领导者，因为追随者会因此受到激励。避免自以为是、骄傲自大以及傲慢不逊，因为追随者和领导者自身最终都会发现这些全都是错的，继而破坏信心。错误的骄傲自大是一些危机领导者的致命缺陷。

需要呈现给世人完美无缺的表演。领导者培训师懂得这个适用于高风险培训的基本方法，但是首要原则需重复。因为极端环境常常需要领导者在第一时间做出精确的决定，这就需要把简单的任务执行得完美无缺，然后将这种能力移植到执行复杂的任务中去。这就要求至少重复执行 25 次任务。条件允许的话，先在安全的环境中教授，然后转到极端环境中继续教授。下一条要点后面的例子展示了这在我们的生活中是如何发挥作用的。

懂得何时喊停。在培养领导者过程中，通常会容忍小的失败，并在失败中继续教授。同样，这也适用于危机领导者的培养，但这并不意味着一味地容忍。一旦负责培训的人觉察出失败已经衍变成为一种持续性或者倾向性的缺陷时，那个受训者的培训道路就宣告结束了。没必要为此道歉。

通过模拟最糟糕的场景来教导如何应对危机

被他的朋友们称为犹他·史蒂夫（Utah Steve）的史蒂夫·韦伯（Steve Webb）就是一名危机领导者。作为一名特技演员和职业跳伞运动员的他，整个成年生活都处在残酷的环境中。深浅相间的头发，拥有完美的运动员体形，1.85米的身高，180多斤的体重，跳伞日志中记录的多达7000多次的职业跳伞经历，犹他·史蒂夫展现出了不可战胜的自信。在韦斯利·斯奈普斯（Wesley Snipes）主演的电影《终极特区》中的替跳一幕也为他在好莱坞赢得荣誉。作为领导者和教练，他被一家双人降落伞组件制造商聘为把关人：韦伯的任务是训练并测试那些希望担任双人降落伞指导员的人。

在过去的15年间，双人降落伞运动已经使得普通人也可以参与跳伞运动。跳伞时，跳伞新手会被放在一个挽具里，然后被别扣在跳伞指导员的前面。指导员带着两个巨大的降落伞：主降落伞和备用降落伞（在指导员出现闪失的情况下，用一个气压控制自动打开装置作为备用降落伞）。在跳离飞机一段时间后，指导员将一个54英寸大小的降落伞（阻力伞）放到气流中，以此将他们的落度降到一个比较舒适的速度——每小时120英里。阻力伞可以保证降落伞比较平和地打开，这种适中的下降速率可以让自由落体的摄像师（头盔上安有摄像机的跳伞者）带着更多东西下降。没有这种阻力伞的话，跳伞者会下降得更快。

如果操作正确，双人跳伞可能是最安全的跳伞运动方式。但如果操作不当，它会变得相当危险。例如，如果没有安装阻力伞，双人跳伞的落度能够高达每小时200英里，这会导致不可控制的高速旋转，在打开降落伞一刹那的强烈震颤能够破坏降落伞并弄伤跳伞者。而即使阻力伞安装得当，恐慌的跳伞者也会制造出其他的麻烦，可能是空中身体不稳，也可能会无意间弄伤和他们一起跳伞的指导员，甚至可能使跳伞指导员致残。一些指导员不得不处理他们被吓呆了的乘客们死死抓住的手臂。双人跳伞可不是游乐园里那种娱乐项目，这是跳伞，而且是充满危险的。

因此，唯一一个能证实一名跳伞指导员处理糟糕事情能力的方法是将他置于可能出现的最坏的处境中，然后再去评判他处理危险事务的能力。犹他·史蒂夫的部分工作就是担当空中测评者，以乘客的身份搭载在双人降落伞上，然后测评候选指导员载人和指导的技术。他的箴言正是出自于危机笔记："需要拥有信得过的能力，然后呈献给世人完美无缺的表演。"

犹他·史蒂夫很认真地对待自己的工作。他是我的人生导师之一，而且他训练我成为一名合格的双人跳伞指导员。在我取得认证的过程中，为了训练我处理问题乘客的能力，他不惜陪我一起冒险。这就是危机领导力的特征：直面最坏的处境，时刻准备迎接危险，而不是希望避开危机。

我为取得认证的最终一跳其实设计得很简单：我们两个人从距离地面 14000 英尺的高空跳下，犹他·史蒂夫作为乘客被固定在我前面；我们计划在没有打开阻力伞的情况下，能够使身体在自由落体中保持稳定；然后做两次自己控制的 360°旋转；接着，我们会打开阻力伞约 10 秒钟以便降低我们的落速；最后我们再打开主降落伞。对我来说，这听上去很简单。作为一位军队自由落体跳伞员，我具备一些基本经验，我也曾带着背囊、武器、氧气瓶及其他一些设备成功跳伞。但是不久之后，我发现比起带着背囊和步枪这些不会动的死东西跳伞，带着犹他·史蒂夫跳伞要困难许多。

乘飞机升到预期海拔的过程中没出现什么状况，虽然犹他·史蒂夫曾多次检查我们挽具的连接点。当我们到达机舱门口时，我发出了适当的指令，然后我将犹他·史蒂夫身体的全部重量都放在挽具上，使他的双脚离开机舱。这并不容易：我1.70米左右，约166斤重，而我们两个人的重量加上双重降落伞组件的重量使总重量飙升到了近400斤。我把犹他·史蒂夫当作新学员来训练，我让他眼盯翼尖，让他双手紧紧抓住挽具，然后喊“准备、就位、弯腰”，最后我们就冲出了舱门。

犹他·史蒂夫瞬间用他的左脚推开门，然后故意将我们抛入不稳定、无法控制的坠落之中。为了把处境变得更危险，他没有将双臂放在挽具上，而是将胳膊和腿直着伸了出去，制造“羽毛球小鸟”的效果，导致我们疯狂地翻转着。我们的阻力伞失灵了，尽管我努力地尝试，但还是不能仅仅依自己的身体来控制翻转。想起了犹他·史蒂夫以前训练我控制乘客时说过的话，我便将我的手臂尽可能地向下摆，把他的手臂别在他的腹部，自己的双腿展得很宽。

这个姿势使我们飞速冲向地面，就像一个旋转着的400斤重的草地飞镖（之后我们才从我们头盔上的高度计上得知，我们这一阶段的跳伞时速已经达到了210英里/小时）。

一旦能稳定地冲向地面，我就可以猛烈地把手臂和腿脚甩出去，呈现出经典的雄鹰展翅的姿势，将腹部朝着地面，这样飞行很稳定。狂风猛烈得让我觉得自己的衣服都要被刮开了，我笨重的裤子也被风吹得剧烈地震动着，这感觉就像身后有一群疯狗在追赶我们，用力地拽着我的裤子一样。以高达200英里/小时的落速完成360°的旋转是相当困难的，但是我顺利地完成了动作，并以此向犹他·史蒂夫证明我有能力控制我们前进的方向。

当下降到7500英尺高空时，我打开了阻力伞；在下降到5500英尺时，我打开了主降落伞。然后我开始操控降落伞，同时将犹他·史蒂夫的挽具稍稍松开了些，让他感觉舒服些。他轻笑了起来，并说出了我希望听到的话：“伙计，我真高兴我们不用再重复做一遍这种跳伞测试。”我回答说：“史蒂夫，你每次担心的时候都会笑，不是吗?”他又笑着回答说："是的。"在我们降落后，我感到十分自信，因为我知道自己可以处理任何双人跳伞中乘客出现的问题了。我的能力转化成了一份自信。

☆ 为什么这对领导者至关重要？

我和犹他·史蒂夫在一起的经历清楚地表明了一件事情：假如你领导任何存在风险的公司，你必须能在面对灾难时泰然处之，然后学习从个人层面以及从组织层面上分别去应对灾难。为了建立自信，并且懂得危机下需要什么，而将自己和手下置身于风险之中是值得的。领导者不能期望像精算师一样避免风险：**危机领导力是被动的、脆弱的。**高薪酬的公司经常将领导者和追随者置于危机下。那就让我们战胜这种危机吧。

教导未来领导者接受内在动力

出现内在动力之后——不论在任何环境下——都需要领导者判断、调整他们自己和追随者的兴奋程度。在培养未来领导者的过程中，要定好正确的调子。

把握好兴奋度。情绪能够将一个组织推向不合适的兴奋、激情程度。不管是在危机环境中还是在正常环境中，情绪带来的真正问题在于它会改变人们看待不断变化的结果的可能性。换句话说，情绪会影响领导者和追随者判断事物的能力。

真正极端的环境能使身处其中的人们产生足够的动力，因此，当风险不断升高时，请不要再扩大任何人的兴奋度。**在最危险的时刻，优秀的领导人都会展现最平静和冷静的举止风度。**过度热情的领导者或"不断呵斥、操练手下的长官"都会使人们面临死亡。

在危机环境中不要煽动军队

一位陆军上尉讲述了关于他的一个指挥官由于对兴奋度处理不当而致使部下身陷险境的故事。他的队伍隶属于第四步兵师，负责复杂的民间军事行动，为了获取有关恐怖分子秘密藏身所在的情报，这项任务需要与伊拉克民众不断地进行协调和交流。所有士兵都对参与这项行动深感忧虑，因为他们知道在伊拉克执行任务风险不小。身为领导这次行动的队长，这位陆军上尉的任务就是保证部下不会对感知到的威胁采取违反交战纪律的致命火力反击，或采用任何一种有害于民间军事行动的方式处理。

他必须培训部下，使他们在到达伊拉克时，保持高度警惕，但不会轻易射击或者做出其他一些侵略性行为。不仅仅是因为他需要当地居民的协作才能取得此次行动的成功，并且他还需要防止发生意外事故，因为此类事故足以使当地居民反对盟军的行动。恐怖分子在该区域的一个落脚点足以夺取很多美国人的生命。

当这位陆军上尉和他的部下正在为执行此次任务做最后的准备时，他的上级指挥官来了，大喊着："煽动起士兵们的情绪吧。"当他听到指挥官对他的部下说"你们只需去那里杀死一些该死的人"时，这位陆军上尉变得相当恐慌。

令这位陆军上尉感到沮丧的是，他上司的言论在军队中马上产生了作用：士兵对待即将接触到的伊拉克民众的态度完全变了，从为了完成任务而拥有的比较职业的态度转变到更具侵略性的态度。这些士兵丢弃了此次民间军事行动所必需的冷静的职业精神，相反，他们倾向于说狠话，这符合他们作为士兵的背景和气质——但这不是此次任务需要的。这位陆军上尉担心如果士兵们铁了心地要和敌人（在这项任务中他们的敌人大都是平民）交战，他们会寻找理由射击的。实际上，过度兴奋已经干扰了领导者和追随者对事物的判断能力，致使发生冲突的可能性大大增加，而根本没有考虑到任务的执行。

同样是这位指挥官曾经带领这位陆军上尉执行任务，当他的悍马车被炸弹击中时，他不允许在靠近人群的地区开火。很明显，对于这位陆军上尉来说，他的上司没能掌控好部队的兴奋度，而部队恰恰需要在危机出现时保持冷静以保证任务的顺利完成。

通过再次明确此次任务必须遵守相应的交战纪律以及要限制致命火力的使用，这位陆军上尉成功地扭转了上司“激励性演讲”的不良影响，使他的部下平静了下来，把注意力引到了手头的任务上，并且使部队的兴奋度保持在了适当的水平。

此次巡逻期间虽然没有发生任何暴力事件，但士兵与当地居民之间的交流也没有成功。实际上，领导人当时的态度早已改变了追随者的世界观。

这位陆军上尉得出的教训是：当情况已经相当紧张时，请不要再让部下们的情绪更为激动，因为更加激动的情绪会让他们做出错误的事情。

学会读懂他人。当其他人在他们自己的环境中遇到不同程度的威胁时，我们要学会通过观察他们的兴奋度、精神和动力来进行相应的评测。它们之间应该存在着一种联系。

拥抱糟糕的境况。在处境困难、痛苦但并不危险时，激励他人是很重要的，即使是始终坚持的人也需要激励。不管所面临的周遭环境是冷还是热，是下雨还是肮脏，抑或感觉疲劳，要理智地处理苦难并保持乐观的能量。

换言之，要“拥抱糟糕的境况”。假如境况糟糕得已经威胁到了生命，不要隐藏真相，利用死亡焦虑那种激励人的特性来使其他人超越自身已知的极限。

真正的领导者如何证明他不会不屑于做肮脏的工作

以前曾担任特别行动通信官的丽贝卡·卡尼斯回忆到，当她帮助她的排搭建帐篷，并在他们选择好的野地作战点上为他们布上厚厚的伪装网时，部下对她的举动感到十分惊奇。先前的中尉只会站在那里，双手放在屁股上，看着中士和他的士兵们做那些肮脏的活儿。卡尼斯回忆："我决心不做那种只眼睁睁看着别人做体力活儿而袖手旁观的领导者。"由此可以得出一个结论：**永远不要让别人做你自己不会去做的事。**

卡尼斯接着描述了她的第一位中士是如何向她以及她所在的战斗部队践行这一原则的，他的所作所为给他们留下了深刻的印象。身为第82空降师第112信号营布拉沃连军士长（又称上士，美国陆军或海军军部无委任状的处理行政事务的高级军官。——译者注）的他，把就职的第一天都用来清洗连队总部的公共厕所了。对于卡尼斯而言，当时的情景依旧历历在目。他戴着黄色的橡胶手套，然后拿起那些绿色的粗糙的清洁用具和许多清洁剂。他仔细擦洗了厕所的每个角落。你可以想象，军士们有一堆公务需要找他们新上任的军士长处理，但是他就是不允许他们来打断他手头的工作。他只是让他们呈稍息状等候在厕所外面，然后让他们在那儿做自己的事儿。我看热闹般看着这一幕，不知道接下来会发生什么。当时间来到了这天最后一次集结时，军士长终于摘掉了橡皮手套，把它们扔进了垃圾箱，然后说："呼！从今往后，这间厕所就应该保持这个样子。"接着他走了出来，集合、解散了连队。

"我永远都不会忘记他为我做的表率，"卡尼斯继续说，"那天他告诉我们的远远不只是厕所应有的卫生标准。说实话，我们当时的厕所卫生并没有那么糟糕。其实，他是想让那个连队的每个士兵都知道：他是不会不屑于做那些脏活儿、累活儿的。"

☆ 为什么这对领导者至关重要?

丽贝卡·卡尼斯还告诉我，在社会上会有很多卷起袖子干活的方法，而且它们与军士长在例子中的做法有着惊人的相似。山姆·采姆比利斯（Sam Tsemberis）是一位在社会精神病学和住房领域真正能够鼓舞人心的、高效的领导者以及道路和住房组织的负责人。他会询问每一个想进入这个组织的雇员是否愿意清洗厕所。有时对这个问题的答案表明他会做一个和团队加了一夜班而最后回家的人，有时候对这个问题的答案又意味着他自愿为一个肮脏的、易怒的顾客服务。想想你会如何对待讨厌的工作以及你期望你的追随者会如何对待吧。

培养善于学习的未来领导者

在所有的组织机构中，特别是在危机环境下，领导力的一部分作用是用来防止人们过于自我的。想要避免这种情况的发生，就要让这些未来领导者始终处于学习状态之中，引领他们从与他们最为息息相关的学习任务开始学习，那就是**环境**。

周围的环境在不断尝试杀死你。当人们碰到环境中的威胁时，他们会自然而然地关注外部环境，激发出本能的求生欲。因此，当你培养领导者时，要注重培养他们对发生的事情以及周遭环境不断进行巡视和分析的能力，如有在此方面表现突出者，要懂得表扬嘉奖。决策意识的培养帮助领导者及他的追随者在不同情况下始终保持清醒理智，这就等同于生存。

美国军队和洛克希德·马丁公司的技术专家一起合作，研发出了一种名为战斗领导环境的领导人培养模拟训练。这是一款现实的电脑模拟器，它可以将领导者放在一辆虚拟悍马车的前座上，然后带领他们进入险恶的环境中。在缺少足够信息做出合理决定的情况下，领导人被迫做决定。这种模拟可以培养出领导人不断巡视周遭环境以获取线索的习惯，然后做出本能的决定。

与此相似，最优秀的华尔街“表演家们”注重外部环境，以此来构建现实，力争走在市场变化的最前沿。从先前的特种部队指挥官转变为投资银行家的查理·胡克（Charlie Hooker）向我描述了重大事件的早期粗略报告——例如，暗杀约翰·肯尼迪（John F. Kennedy）总统，对罗纳德·里根（Ronald Reagan）总统的暗杀未遂，发生在 2001 年 9 月 11 日的颇具毁灭性的恐怖袭击——是如何成为高级分析师对金钱迅速、本能的管理的基础的。这种决策常常是由最具经验的商人和金融机构投资家做出的，而且它是相当有利可图的，因为在所有人知道详情之前这些决策就已经定下了，而这些详情恰恰是做出合理决定的基础。

读懂他人。对其他人注意力向内心转变的任何信号都要保持警惕。例如，必须完全忽视伤病，除非它们已经使人出现功能衰弱。担忧和其他一些情绪暗示了一个人的注意力正在向内心转变而不是仍然注重外部环境去继续学习、搜寻解决问题的方法。

分享语言。通过言语交流来分享对事物共同的理解是关键所在。极端环境是十分独特的，每种高风险的职业、体育运动以及活动都有其常用术语。要确保团队中每个成员知道并且理解这些常用术语。不正确的交流会阻碍学习，而且通常也会使人丧命。

未来领导者要拥有分担风险的思想

个人可能会将自私或自我看作生存的必需品。但是当你身处团队中并遭遇危险时，与前面相反的观点恰恰是正确的：分担风险，特别是领导者和他的追随者之间分担风险，会大大增加整个组织的集体存活率，并会使领导者得到追随者更多的信任。需要让领导者明白分担风险的影响。

重视无私的精神。能力很强、雄心勃勃的人常常会被任命挑战高风险行动，但是，这些人必须认识到识别、奖励、培养无私精神、自我牺牲精神、分担风险以及关照他人的重要性。在危机下，那些专心于自身利益的不合群者和爱表现的极端利己主义者是不会为他人安危负责的。

剖析风险管理。不管是领导者还是追随者，都无法承担在危机下冒愚蠢的、不必要的风险的后果。风险管理是一种专业工具和必要的组织流程。要确保每个人都知道如何做出有风险的决定，同时要确保每个人都明白经过计算的风险与不明智的赌博之间的区别。我们要立即找出那些做出错误决定或未经考虑就行动的人并对他们展开再教育，因为这些行动不仅威胁到了他们自己的生命，更为严重的是，还威胁到了其他人的生命。

在险境及商业环境中，风险管理是相当关键的。我最喜欢的关于风险管理的范例是艾莉森·莱文（Alison Levine）的经历。

评估风险并将这种技能应用到生活中

年轻时，艾莉森·莱文曾被心脏方面的问题所困扰，但在她 30 多岁时，她却成了一位极限运动员、登山运动员和商业咨询师。2006 年 10 月，我和她在杜克大学的伦理领导力研究中心聊过一次，那次谈话让我对她在风险和领导力上的见解感到尊敬、钦佩。

莱文成就斐然，其中之一就是她已经登上过各大洲最高的山峰并且出任了美国首批女子珠峰探险队队长。她成立了自己的咨询和代言公司并亲自担任总裁，身处危机之中的她对工作的态度十分纯粹。这里有她在自己网站上表述这一点的言论：“每一次登山都需要设计出一条独特的线路。同样的，无论是想爬上珠峰，想在公司中得到晋升，还是想在市场中呼风唤雨，都需要找到一条独特的方法。通过在存活于山间和成功于高节奏的商业社会之间做比较……在出任了美国首批女子珠峰探险队队长之后，我意识到许多在商业领域中运用的战略与攀登世界最高、最具挑战性的险峰是完全一样的。拥有预见性、专注以及完美的执行力在应对激流和征战美国商界时都是十分重要的。”

当被问到一个关于风险管理的问题时，她的回答和我预想的一模一样：“你必须衡量那些将要面临风险的东西。失败意味着什么？”莱文解释说，登山运动中的风险管理基于优先考虑的目标：最重要的是活着回来，然后是争取回来时别缺胳膊断腿，接下来是和你出发时的伙伴一起回来，最后才是征服险峰。与高空跳伞及其他极限运动相似，登山实际上就是提前做好准备和风险分析。

在面临决策时，领导者必须知道何时终止行动，并且能够在棘手的环境中恢复能力以求生存。莱文这样描述道：“你必须能够从战斗中果断撤离。不管准备阶段花费了你多少心血、汗水和泪水，即使你离目标只差这么一丁点儿（她用她的手指比画着一英尺的宽度），你也必须能够坚决地撤离。”

充分的准备能够帮助领导者了解撤离战斗的时机和继续行动的时机。西点军校的跳伞队计划并实施了夜间跳伞，以此来提升团体能力。开跳前，军校学员和教练认真准备并反复浏览了罗列出此次行动特殊风险的风险管理工作表。这张工作表长达 17 页，里面包含了至少 12 处有关此次跳伞行动的准则。

回忆一下你上一次执行任务时面对的风险，有那么清楚地列出过行动准则吗？有些战略家认为这种方法限制了行动，但是从险境中得出的教训是：如果没有这种准则，那么在正确的时间做出正确的选择时所面临的压力将会变得无法承受。对于某些人来说，有了这种准则后，就能很容易看出所做的决定是否正确。风险管理的一个最大挑战是人们必须自觉地说出真相，而且磨炼这种技巧最好的时机是在人身安全受到威胁之时。

想要管理风险就要勇于说出真相，因为真相能够拯救生命

丽贝卡·卡尼斯是在第二章中介绍过的危机领导者，现在在社会部门工作，她向我们描述了她在危机环境中以及在参与解决纽约无家可归者问题的工作中是如何通过说出真相来掌控风险的。她说："说出真相绝对是军队文化的基础，即使后果可能对你个人不利。这对于解决无家可归这样的社会问题也十分重要。"从最早期的基础训练开始，**正直和诚实**的重要性就一直在被反复强调。任何犹豫说出令人不悦的真相的行为都会迅速导致危险情况的发生，新兵会很快意识到说真话并承担后果，远远好于撒谎。在我被选为空降兵并定期参加空军行动后，说真话就显得尤为重要了。

以下的这个经历就印证了这一点。

"现在是清晨5点，地处科罗拉多州的科罗拉斯普林斯市。今天是我在跳伞学校的最后一天，此时我们正赶在黎明到来之前乘坐C-130（一种大型的空中运输机，经常用于军队跳伞行动。——作者注）飞抵城市上空。开始时我们班有100多人，但由于淘汰率很高，我们很快就只剩下了30多人。只要我通过今天这次最终测试，我就能够成为一名合格的跳伞长了。空军运输机装卸长打开机舱门，然后把控制权交给了我。

"我把身体倾斜出舱外，借着黎明到来时的紫红色曙光，看到了落基山脉美丽的风景。同时我也在地面上搜寻类似于L的一簇灯光。在飞行员将灯调为绿色后，当飞机与地面上的那簇灯光相交时，我被要求帮助站在舱门里的跳伞者跳出去。错误地把握时机就意味着整个过程的失败。我已经坚持了这么久了，而且是班里唯一的女学员，我的部队从布

拉格堡（美国北卡罗来纳州中南部城镇，在费耶特维尔附近。——译者注）一路送我过来并为我花费大量钱财希望我取得跳伞长的资格，因此我真的不想失败。

“飞行灯变绿了，我的眼睛也一次次扫视着地面，寻找那簇灯光。我知道如果我没有看见那簇灯火并且把握时机送出跳伞学员，那么我将以失败而告终。但是我拒绝送出跳伞学员，除非看到那簇灯光。我失望地一遍遍扫视着地面，几秒钟就像几小时一样难熬。我感觉自己被教练拉回到机舱内。飞行员将绿灯关了，我们已经飞离了跳伞区。我的心开始下沉，等待着教官宣布坏消息：我在跳伞学校的空中行动部分失败了。

“在嘈杂的引擎声中教练喊道：‘你看到灯了吗?’我大声回答道：‘没有!’然后，令我感到惊讶的是，他说：‘我也没看到。我们正让飞行员重新飞回到跳伞区，然后再做一次。’第二次飞行中的一切都很顺利，我的跳伞学员和我都安全降落到地面。”

假如在没有看到灯的情况下就让我的学员跳伞，他们可能会错过跳伞区并导致受伤甚至死亡。在军队受训过的领导者本能地懂得说真话的重要性，因为这关系到人的生死。

☆ 为什么这对领导者至关重要?

即使是在安全的环境下，说真话也难免担风险。往往有可能真话本身没有虚假成分，但却会包含着许多棘手的问题。这让我想起了戈登·沙利文（Gordon Sullivan）所著的一本管理类经典书籍的标题，“希望不是一种方法”。真实的风险管理是需要方法的。丽贝·卡尼斯也向我阐述了她是如何将在危机中学到的东西应用到消除纽约无家可归现象的工作中的：“真实反映出无家可归现象的情况也是一件事关生死的大事。研究表明，无家可归者过早死亡的概率比普通人群高出 50 多倍。因此我们很有必要替这些无家可归的人们说出他们的真实情况。长期住在街上的无家可归者中，有许多精神病和认知障碍症患者，而这一情况却鲜有人报道。虽然不情愿承认，但现实情况是在我们提供过帮助的无家可归者中，有 86% 的人都被诊断出患有严重的、长期的精神病，这粉碎了一种根深蒂固的思想，那就是无家可归是一种经过大脑思考后的理智选择，是一种在城市里进行的野营活动。”

风险管理、信任、真话都存在于危机环境之中。这些也需要存在于其他环境之中。

教导未来领导者养成与追随者相同的生活方式

担任领导者必须出于恰当的原因，而在危机下，这些原因往往表现为那些能够反映领导者激情而非实用的生活方式。阅读以下关于领导者生活方式的评论并思考生活方式是如何反映领导者的承诺和价值的。

建立一种激情、奉献的文化。我们发现那些与身处高风险环境中的人一起工作的危机领导者们，看起来似乎不会过多关心物质财富和社会地位等世俗之物。危机里面临的挑战是强大的均衡器：面对大火、重力、战争以及气候等，社会地位和公众形象可以说一文不值。优秀的危机领导者将他们的价值与他们遇到的挑战融为一体。

成功被定义为杰出，当然你首先得活着。最直白地说，**生活方式没有领导承诺重要。**

当然，想要让所有领导者都以一种与追随者相同的生活方式生活是不切实际的。尽管如此，拥有相同生活方式这条准则不容置疑，我们可以从以下这个例子中看出。

首席执行官是如何卷起袖子亲力亲为公司每一件工作的

乔纳森·梯西（Jonathan Tisch）是洛伊斯酒店（Loews Hotels）的首席执行官，是美国最富有的人之一，然而，他用他普通的生活方式证明了他并没有脱离他的员工高高在上。梯西在洛伊斯酒店花了两天时间，做遍了酒店里的所有工作。他亲自下厨、整理床铺、清洗卫生间，还提供前台服务，所有工作都是在经常做这些工作的“专家们”的指导下完成的。

梯西同时也主持一档电视系列节目，名为“敞开心扉交换意见：在董事会议室外”。在这档节目中，他深入采访了其他首席执行官们，这使他们的生活变得更加充满人情味。这个节目揭示了领导者们的个性，同时也表明商业不是只凭数字说话的，商业成功的要素还包括勇气、激情、勤奋以及人才。虽然梯西的工作并不完全属于那种普通的生活方式，但它表明了领导者注重在以人为本的基础上与追随者进行沟通的价值观。

开发动力。当人们置身于危机下时，无论他们扮演领导者还是追随者的角色，都有完成这件事的个人动机。专家们正试着慢慢理解并开发人们的这种动机。为什么有人希望成为一名特警、一名特种部队士兵，或者一位双人跳伞教练？是寻求刺激，还是自我提高？或是有其他一些奖赏？假如你能成功解析人们的动机，训练他们拥有那种正确的心境会变得更加容易，这种心境又能够帮助他们更好地接受挑战并且应对威胁自己和他人性命的危险。

开展挑战生理的训练项目

领导者的培训师想要培养出危机领导者，就应该不畏惧领导者培养时出现的重重挑战。最明显的一个挑战就是：为了培养普通非军队领导者而将他们置身于有生命危险的环境中是不切实际的。

尽管如此，一些含较少风险的训练项目还是有必要开展的，包括带领队伍去参加一次刺激的活动，如攀岩、射击、彩弹对抗赛——这些都是西点军校团队建设所必需的技术。毋庸置疑，这些都是娱乐性的活动，虽然它们对人身安全没有威胁，但是活动中的生理因素会令参与者切身感受置身极端环境中的领导力本质。

最近，除西点军校外的组织也开始把西点军校的领导者培训经验扩展到管理团队的建设之中，采用的方法是利用生理和心理上极具挑战性的经历来教授领导者领导准则。一些受训者通过参加危险的活动来培养个性，比如参与危险的登山和基本跳伞（带着降落伞从建筑物、天线塔、桥梁、土堡或悬崖上跳下。——作者注）等风险运动，还包括极限航海冒险和其他一些极限运动。

尽管如此，只有公共服务业从业人员和专业极限运动运动员才会一直处于危险重重的工作环境中。对于他们来说，死亡焦虑如影随形，而危机领导则是他们的一种生活方式。在如此恶劣的环境中培养出来的领导力个性是金钱买不到的，只可能靠不断努力、个人承诺以及冒生命危险来获得。虽然在危机环境中训练领导者会面临重重挑战，但对危机领导力的理解可以帮助领导者培训师理解权威以及危机模式的重要性。想要在普通领导者身上培养出危机领导者所具备的品质，没有什么比这更简单的方法了。

常规的领导者发展模式已经落后了吗

我所熟悉的大多数常规的领导者训练项目，已经远远不能培养出危机领导者所特有的品质。举个例子来说，如今，使用最为普遍的是以技能为导向的领导者培养方法，但我不得不说它仅仅最低程度地符合危机领导力的标准。这种以技能为导向的领导者培养方法认为一个领导人的能力就体现在他（她）能否完成任务。完成任何一项任务的前提是需要清楚该做什么，用什么方法做，承担任务的动机并能将该种动机贯穿于完成任务的始终。

多年来，领导者培训师和人力资源经理们都将知识、技术、能力作为是否录用员工的评判标准以及培训项目的培训内容，这么做都是为了提高公司的整体表现。这种方法的合理性毋庸置疑：知识、技术、能力都是能够被客观测评的，以此保证一个人有能力完成所交与的任务。因此，知识、技术、能力的评估可以与工作要求联系在一起并用来验证雇员能力。理想地说，能力增加了，那么受训者也就是变成一个更好的领导者了（回想一下第一章中提到过的：能力是危机领导者的一项基本特征）。

以技能为导向的培训方法以及知识、技术、能力的应用在各大组织中广泛流行。这种流行很大程度上与领导人培训师希望展现领导人增值部分的需要有关。公司中每位领导者都希望开展的所有培训都能够获得一个可以预见的、可测量的回报。但通常情况下，在短期内评估领导力培养的价值是很难做到的。而知识、技术、能力能够展现出可测量回报与公司目标之间的联系。

预计的结果就是：在受训的领导者学习了知识、技术、能力后，公司的整体表现会更好。

可有趣的是，往往在个人的知识、技术、能力增加了之后，公司的整体表现并没有变得更好。虽然许许多多原因会导致这种结果，但原因之一就是即使经过培训，一个人难以更改的基本性格还是决定了他（她）的领导风格，所以人们很容易就会使用回原来的领导方法。换言之，以技能为导向的领导者培养方法可能会改变一个人的学识和做事情的能力，但是领导力还是注重“在”的能力的（军队里的“在·知·

行”的概念）。改变一个人的个性需要花费大量时间以及深刻的体验。这正是军事院校的优点之一：它们花在个性建构和领导者培养上的时间长达47个月。

另一个以技能为导向的方法存在的问题是它常常缺乏能够鼓舞人心的品质。激励字面上的意思是填补精神。危机领导者要比他（她）的追随者承担更多的风险，这其中包含着一种精神层面的道德责任。激励是将危机领导者品质嵌入人们性格中的关键：当我们真的对某件事充满激情或被某项事物所激励时，我们的基本个性也会随之改变去适应它。

例如，西点军校的办学目标之一是：**“教育、培训、激励军校学员，这样的话，每名毕业生就都会成为可以托付的领导者。每个人心中都有责任、荣耀、国家，这使他们做好了成为一位美军军官为国效力的准备，他们时刻准备着开启自己优秀的职业生涯。”**办学目标的前三个词——教育、培训、激励——得到了许多旨在培养个人表现力的人和组织的广泛认同。最好的领导者培养——不管是军队、危机还是其他环境——如果充分利用了办学目标中的三个因素，就能够取得最完美的结果。这意味着要去激励他人。

一种鼓舞人心的领导者培养方法

思考以下4种技术，西点军校的行为科学及领导力部门已经将它们加入到培养危机领导者的准备工作中。

用故事激励人们

讲述深刻的故事可能是领导者能够提供的最简单的激励方式。一种激发未来危机领导者动力，让他们为战斗做好充分准备的方法是让他们看那些展现战斗迫在眉睫的图表。然而，一则故事或许可以取得更好的效果，这一点可以从下面这个例子中看出。

老兵是如何激励即将参战的士兵的

2002 年，作为西点军校领导力专业的学生，优秀的指挥官安迪·布莱克汉（Andy Blickhahn）毕业了，然后继续在佐治亚州的本宁堡军事院校求学。接着他前往北卡罗来纳州布拉格堡市第 82 空降师——第 82 空降师是历史上著名的师团——接受了他的第一项军事任务，曾在诺曼底、西西里、格林纳达等战役中浴血奋战过，而且通常是第一个被派往外国战区的师团。安迪仅仅在布拉格堡待了 17 天，他还没来得及拆包自己的很多日常生活用品，就已经登上了前往伊拉克的飞机。

这位新军官似乎觉察到他的排正身陷伊拉克的迷阵之中，布莱克汉在这种前途一片漆黑的情形下加入这支队伍并担当领导者。他们队伍的任务是在饱受战争蹂躏的城市的一座桥边上，向敌人发动进攻。到了午夜，布莱克汉的队伍遭袭，面对有组织的伊拉克军队，他们取得了防守的胜利。后来他写道："当太阳升起后，我第一次看到了与我一起战斗了一夜的中士和通信员那涂着油彩的脸，那种感觉让我感到很奇怪。直到那一刻，我们才通过声音建立起了彼此的联系。"

这则鼓舞人心的故事将"准备好"刻进了未来危机领导者的特征中。我想不起来哪种以技能为导向的领导者培训方法能达到相似的效果。

☆ 为什么这对领导者至关重要?

假如你在培养领导者，请确保有意义的经验交流能够在组织中口口相传，并且设计好日后传诵这些故事的方法。美国企商界就能够充分利用讲故事的方法来激励人们，而那些平常人的故事取得的效果更好。初级助理会被邀请做基本方针演说。在企业报刊或互联网上，有关故事会被详尽地叙述出来。所有企业都有自己的口述历史——有些是真实的，有些或许只是传说——领导者会充分利用这些故事激励员工们奋进。

使用技巧向危机下的人们展现他们可以在危机下走多远，以此来激励他人

领导人培训师经常组织一些专家小组（可能包括非常成功的首席执行官、政治领导人以及身经百战的老兵等）分享他们鼓舞人心的经历和故事。一个很好的例子就是世界商业论坛，它会聚了全球最成功的领导者们，让他们述说有关领导力发展和领导者成长的故事。这样的方式有它值得肯定的地方，这些顶级领导者们向年青一代展示了我们期待他们在10年或20年之后能够成为怎样的人。人们需要看到他们未来一年努力的成果，并会因此受到激励，下面这则例子就印证了这一点。

西点军校是如何将军校学员和士兵联系在一起的

西点军校的教官给军校学员和在阿富汗、科索沃、伊拉克刚刚担当领导的中尉们之间安排了双向视频会议。这些即兴视频会议给在校学生提供了与身处危机环境中工作、生活的军人们直接交流的机会，并提高了军校学员的沟通能力。对于正在受训的领导者来说，这种讨论意义重大，因为所有的问题都是参与者自己提出来的。

☆ 为什么这对领导者至关重要?

看到他们在危机领导这条路上的未来，往往能够激励年轻壮志的人们，即使只有短短一个小时左右。在大多数组织机构中，想要挽留住一个人，特别是想挽留住那些接受过高级培训的领导者，确实是一种挑战。跳槽的一个根本原因是人们发现

自己的期望没能得到满足。使用视频会议来将受训领导者传送到他们未来的培养对话中，这种对话让未来领导者知道了作为危机领导者在真实状态下应该做些什么。美国陆军军官学校不是唯一开展过这种活动的组织，我们可以从下面两个例子中看出来。

一家企业是如何在全球讨论会中将它的领导人聚在一起的

集成系统巨头EDS是一个拥有超过13万名员工的发展中企业，深知促进领导者与雇员之间横向沟通的价值。最近，这家公司邀请我在它在线的领导者论坛的思想社区做演讲，这是全球500个EDS公司领导者间的网上讨论。领导者必须先提出申请，被选择后才能加入论坛。论坛由两个会议组成：一个会议是为西半球准备的，另一个则是为东半球准备的。

每个会议大约持续两个小时，而我在全球的流媒体电视会议中要做一小时左右的演讲。当推介部分结束后，当所有领导者都还在线时，人们会通过电话向演讲者提问，其他人或对提问和回答做出点评，或提出自己的问题。在这种会议结束之后，EDS公司会在网上对会议进行评论并认真地整理成白皮书，这些评论和文章将会议中碰撞出的创造性意见和新思想传达给公司里的普通职员。

美军是如何通过同级间辅导来提高领导者能力的

尽管有一些老套思想仍对此持反对意见，但是不管是在部队的战略战术方面还是在行政管理方面，同级间辅导都很受欢迎，也很有效。早在15年前，战术部队中就存在一个军事行动之后的回顾过程，允许同级或者下属将军队战术行动（军事训练或真实战斗）为何成功或失败的信息反馈给领导者。随后，领导者会建立一种学习讨论机制，参加行动的每个人最终都要集合到一起，讨论预期目标是什么、实际状况如何以及在未来行动中怎么做才可以使行动变得更具成效。

在部队那些不直接参加战斗的部门中，2006年秋天网上同级评估系统的投入使用使得同级间辅导制度得以确立。每位陆军中校都有机会来评估他自己在10月、11月选择的同级军官，评估结果将在年末以匿名的形式反馈给那些同级军官。就像行动之后的回顾，这种评估结果会让领导者更加清楚地认识自我并提高调整自己发展道路的能力。

☆ **为什么这对领导者至关重要?**

像美国通用电气公司和国际商用机器公司这样的顶级企业都会学习军队这种模式，使用相似的同级辅导方法。但是，有趣的是，这种方法没能在亚洲及其他一些军队中得到成功推广，因为在这些地方，维护脸面和管理印象是重要的个人价值。

通过将现实和培养融合在一起来鼓励人们

领导人在危机下必须学会如何使用横向沟通和纵向沟通来分享知识、加快学习，因为没有共享的知识往往是造成战斗中不必要死亡的根源。以下两个例子中的领导者，他们都极具效率地完成了这件事。

教授领导力的老师是如何用她的经历来阐述编制上的变化的

巴西人科洛内尔·唐娜（Colonel Donna）是学院最重要的领导力课程教师，她最近被派往阿富汗协助建立并发展阿富汗国家军事学校。她带着特殊的经历回来，这次编制上的变动使她超越了学者们教授领导力时常会使用的经典模式，在学术课堂上戏剧性地重现了她帮助一个国家重生的努力和尝试。在同一个课堂上，她将知识管理的应用准则与现实相融合，形成了一门全新课程。

另一位教授领导力的老师是如何利用机会进行实时教学的

帕特·米凯利斯（Pat Michaelis）少校是美国陆军军官学校的在变化中领导组织这一课程的老师。他没有将知识管理准则拿来就用，也没有把它们简单地与现实事件联系在一起，相反，他亲自跟随美军第一步兵师来到了伊拉克。他执行的是一个紧急的、与他教学时承担的完全不同的任务——为这个拥有两万多人并身处危机中的组织设计并运作一个安全的电子化知识管理系统。

米凯利斯意识到他现在执行的任务对于他课堂教学的发展意义重大。在好几次课堂教学时段中，他都会用卫星电话与正在上课的学生们联系并指导他们开展以实时观测为基础的研讨。有些情况下，他会监听并记录下战斗任务简报（除去机密信息），当战斗在巴格达街头打响时把这些简报电邮给学生。

☆ 为什么这对领导者至关重要?

受训者对知识管理提出建议并在身处危机的组织中将自己的建议加以检测，并会在下一次上课时得到反馈，我们可以想象出由此产生的那种激励人心的力量。当自身的发展经历与组织的实际工作相融合时，人们会不同程度地受到激励。在危机下，通过比较可以看出课堂上抽象的准则和非实战的说教是不能激励人心的。

同样，在公司中，商业类和管理类学生不能仅仅研究以往的商业案例。相反，他们应该亲自投身到商场的实战中去，而不只是高姿态地做几个月的实习生。**管理知识可以从书本上学到，但是领导力需要判断力和鲜明的个性**，而学习到这些的最好办法是**投身到实际环境中去**。

通过超过人们的期望来激励他人

富有创造性和坚定的领导者能够极大地缩小危机环境与普通环境之间的差距，而且影响巨大。在军事学院的战斗领导力课程中，将战争带进课堂是件令人恐惧的事。第二次世界大战时曾有过口述史资料，但从那之后该领域还没有开展过实地调研。想要弥补这一空白，一个简单但影响深远的解决办法就是：将教授该门课程的老师送到战场上去，正如下面例子中所描述的那样。

4 名教师为何通过参战来学习战斗凝聚力及战斗领导力

在 2003 年 4 月占领巴格达的战斗行动中，4 名教师被派往伊拉克：一名是阿拉伯专家，其他 3 名是心理学家和领导者。他们离开美国时仅带了一背包的东西，他们的目的是通过采访被俘的伊拉克士兵、美军士兵以及海军陆战队队员，更新有关战斗凝聚力和战斗领导力方面的知识。5 月份官方刚刚宣布战争结束时，他们就离开了巴格达。返回学院之后，他们立即为这门课程合著了一本专著，这本专著抓住了两军战斗凝聚力和战斗领导力的本质。

这项实地调研行动在课堂上产生的重大影响力部分归因于它提供了关于危机领导力和战斗凝聚力的新内容。他们工作内容的价值不容否定，但一个次要影响更激励人心：参与课程的未来危机领导者对他们的老师甘冒巨大的人身危险深入战场丰富课堂教学的行为深感震惊，这一举动已经远远超越了他们的期望。

☆ 为什么这对领导者至关重要?

这种激励人心的培养风格也能够在非军事领域发挥作用。在没有预先通知的情况下，让一名初级合伙人坐上公司的专机去亲自拜访一位他（她）一直通过网络或电话沟通的顾客或参观一家工厂，这件事怎能不超乎他的期望？问问你自己：“除了发更大份额的奖金之外，我还能依靠什么样的方法激励他人？”如果人们为你工作，他们对你一定有所期望。当你大大地超越了那些期望，那么你就已经成功地激励了他们。

如何在你的组织里培养未来的领导者

比起其他环境，包括高等学府的教育环境，危机能够培养出更多的领导者以及正确的领导习惯。为了验证这一现象，你不必冲向山峰，也不必冲出行驶着的飞机。**危机领导力是一种概念，它在许多环境中都行得通。**

像我们这些培养、训练可以在危机环境中胜任的领导者的人，我们从商业或学术中得到的理论和教授过的课程已经都不适用了，因为它们没有考虑环境的特殊性。优秀的领导者培养基于研究，在证明它可以适用于其他环境之前，这些研究需针对这一研究所处的特殊环境而开展。如果工作中本身含有的危险对领导者和追随者究竟有多重要这一点没有被仔细研究和阐述的话，这样的领导者培养指南是不可信的。最好的研究方法是多置身于危机下，观察并且客观地分析所发生的事情。如果以上这些都不可能做到，那最好的办法就是尽你可能地多学习它。

担任领导，无论所处环境危险与否，都需要付出身体上和情感上的代价。正如你想的那样，**危机领导者需要具有独一无二的身体和情感素质。**接下来的几章中我们将展开学习在危机下得到的一些教训，理解情感、灾难及其他一些强大的经历是如何在危险重重的环境中对行为产生影响的。

总 结

1. 真正的领导者不会置身于纷争和危险之外。请记住埃里克·奥尔森和他的副官是如何在圣诞节那天承担了他的两个士兵的工作的：当他们坐上悍马在偏僻的阿富汗岗哨执行巡逻任务时，那两个被选中的下等兵已经安全地回到了总部，享受着假期中提供的豪华大餐。真正的领导者应该真刀真枪地干，而不是只动动嘴皮子发号施令。

2. 确认你所发展的领导者具备真正的能力。能力是信任与忠诚的真正基础，因此，请确认你自己和你正在发展的未来领导者都具备真正的能力。回想一下犹他·史蒂夫，我的跳伞教练，他故意在双人跳伞的自由落体过程中使他自己和我陷入险境，目的就是向我展示使一个人安全着陆是一件多么困难的事。他知道如果我们能从那次降落中存活，我和跳伞新手们一起工作时就有能力处理好紧急情况。他测试了我的能力，我通过了。

3. 教会未来的领导者要以环境为自己的内在动力，而不以不合宜的兴奋度为动力。当点燃他人情绪时要小心：如果环境具有高风险，那么这么做很可能会导致情况很快地失控，而且经常带来灾难性的后果，包括产生不必要的牺牲。最好的领导者在环境最危险的时候会展现出最平静的和最清醒的态度。**容易激动的领导者会使人们丢掉性命。**

4. 乐于卷起你的袖子，做肮脏的活儿，证明你愿意做你要求你的追随者做的任何事。记住那个为了给自己部门树立典型而不惜清洗部队厕所的军士长的故事吧。同样的，洛伊斯酒店的首席执行官乔纳森·梯西做过他雇员做的每件工作：从提供前台工作服务到下厨，再到整理床铺和清洗浴室。想想你是否愿意忍受辛苦的或者卑贱的工作，想想你希望自己的部下做到些什么。

5. 不管是准备离开还是打算继续做下去，都要不断学习，而且不要害怕说出真相。不要被引诱去做自己觉得不正确的事情。当丽贝卡·卡尼斯受训成为一名跳伞教练的时候，她懂得，如果你看不到亮光（在她的例子里，这不是引申义），就不要让任何人起跳。这一点忠告在商业及其他行业同样有效。真正的危机管理需要一个计划：什么情况下你的组织会舍弃一项新项目。

6. 和你的部下交流，及时地教导未来的领导者。通过讲述真实的故事和经历激励部下，这个故事或经历发生得越近越好。使用电子技术将世界各地的领导者聚在一起，使用视频会议或者其他技术使他们可以不用旅行就能彼此学习，这样既节省了时间也节省了花销。尽管如此，条件允许的话，无论那儿有没有你广布的雇员、顾客还有前线的士兵，你都应该亲身去经历外面的世界，观察周遭所发生的一切。

4

从危机中学习情绪、恐惧和领导力

对危险的环境缺乏经验或未做准备的人，心理总会产生一些负面情绪，比如恐惧、焦虑，还有愤怒。即使是有经验的专业人士也不例外。当其考虑到恶劣的现实和危机可能会导致不可挽回的后果时，他们也会出现情绪化的反应。

危机下的情景富有戏剧色彩，像所有戏剧一样，情感的变化过程强烈且有趣。在丹尼尔·戈尔曼（Daniel Goleman）将“情商”一词引入领导力相关文献之前，很多作家和思想家都忽略了这个重要因素，都完全错过了认识领导力风格和特性的机会。危机领导力这一概念体现了植根于掌权者性格深处的领导素质，在发展中不断地丰富并逐渐被认可。怎么变得与众不同呢？情绪到底扮演一种什么角色？危机领导者最好表现得激情澎湃、斗志昂扬呢，还是冷冰冰的、毫无表情、呆板机械？很明显，要了解危机领导者的实质，就需要探究在危机中的情绪。

当然，**积极的情绪带来的是自信和伟大的成功，而自信和成功往往是因为危险计划或者行动得到顺利的实施**。举个例子，当你成功完成了第一次跳伞，跳伞教练会夸奖说“倍儿棒”，你当然就会喜不自禁。攀登术语 Summit（顶峰，攀登。——译者注），既是一个名词也是一个动词，它包含了所有意义重大的积极举动。有许多情绪和情感是伴随着危机中的危险出现的，然而一下子阐明这么多情感真的是一个艰巨的任务。因此，为了更好地理解真正的危险是如何影响情绪的，本章将直面**恐惧——危机环境时最易产生的情绪**。然而，我也承认恐惧对于其他情况其他的情绪或许不是一个好的事例。

了解危机下的情绪很具有挑战性，因为当情绪发生的当时和之后，都很难理解和进行研究。举个例子，我们学习的面试技巧就并不十分有效，因为即便是此时此刻，我们的情绪也是不断变化的。对这类问题，我考虑过各种研究策略，而所有的策略似乎都不足以帮助我了解这种处境下的情感。最后，我给出的方法是，亲身体会处在危机之中的情绪，就像我在这一章第一个例子中所描述的那样。但是在我们开始之前，让我们看看士兵们怎么描述他们在战场上的恐惧。

探测危机下恐惧的深度

当面对危险处境可能带来无情的后果时，恐惧就会出现了。举个例子，旅行家乔·加洛韦（Joe Galloway）和一个参加过越南战争的美国海军部队的指挥官合著了一本畅销书《我们曾是战士》，这本书对恐惧做出了解释。越南战争期间，当美国军方还没有开始真正的战斗之前，加洛韦曾是美国部队的一个驻地记者。这场战争发生在由第 7 装甲兵团第 1 中队使用的直升机降落区。由 800 位美国士兵组成的空中装甲部队被迫在一个大约有 2700 位士兵的越南装甲兵团头顶上降落。1965 年 11 月，这场激烈的战争打得不分昼夜，这也是越南战争的第一场重要战役，也成了《我们曾是战士》这部电影拍摄的重要素材。下面是一个机关枪手助手描述的他在那场战争中的感受。

当时奈尔先生和我一起在拉塞尔工作，在那儿我感受到了真正的恐惧，一种我从未感受过的恐惧。恐惧来的时候，只要你认识它，接受它，它就会来得快，去得也快，之后你也不会再去细想。虽然你只是做了你必须要做的事情，但是，从此以后你就了解了恐惧还有生死的真正含义。在那之后的两个小时里，我一个人端着机关枪，向敌人扫射。敌人也向我扫射，子弹一直射到我的身旁，还从我的头顶飞过。他们不停地攻击我，我就挂着长长的子弹链，疯狂地开火，我的机关枪热得都快要烧起来了。当时我腹泻得很严重，已经受不了了，我就脱下裤子，一边蹲在地上就地解决，一边还不停地开着火。

——机关枪手助手，比尔·贝克

我采访过许多参加过2003年伊拉克战争的士兵和水手，他们的情况也是如此，都是在危机下产生恐惧的故事，并且随着恐惧的产生，他们感受到了一些事情的改变，那就是死亡已经近在咫尺。一个枪手是这样说的：

在我们同敌人的接触过程中，我一直处于恐惧之中。我不想露出我害怕的样子，因为我不想被恐惧控制……我和这里的每个人一样都希望彼此能离开战场安全回家。那是我第一次经历子弹从身边擦过，那种感觉就像，这不再是一场游戏了，我们也不是在训练，我可能马上就死掉。这几个念头冒出来之后，我好像不再害怕了，我也不允许自己再害怕，我需要克服恐惧，需要坚持我的工作，否则我们都将无法活下去。

——战斗车辆炮手，伊拉克，巴格达

下面这个有关恐惧的例子特别令人心酸，讲的是一个士兵所在的装甲车内部着火，士兵不得不下车，面对车外的枪林弹雨……

我猜这会是我这辈子所经历过的最恐怖的时刻，当我回首

> 这段往事，我能回忆起的所有场景就是我们的后方全部是军火弹药，还有……就是那些弹药一旦爆炸，我们所有人都会被炸飞。我们不得不从装甲车里出来努力控制火势。当时……我们既要冒着枪林弹雨，又要在非常有限的掩护下跳下车，把火扑灭，之后跳上车再次投入战斗。那可能是我最害怕的时刻。
>
> ——机械化步兵，伊拉克，巴格达

我们可以掌控恐惧并使之减弱，这差不多是人在濒死之际，释放纯肾上腺素的精神治疗过程。举个例子：一些资深跳伞运动员讲述，恐惧是由一种称为“地冲”的感官现象减弱的。在大部分自由落体的跳伞运动中，跳伞者几乎没有什么降落的意识，因为地面太远了，所以没有什么直观的感觉认识到冲向地面的速度。从理性上讲，显然你在降落，但是你察觉不到速度，因为周围根本没有参照物。当下落到某个高度（据我自己不怎么愉快的经验，是在低于1500英尺的地方，或是在必然冲击之后的6秒），你的眼睛突然在外围的视野里捕捉到了一丝感觉，那就是你正在以极快的速度冲向地面，毫不夸张地说，大地正急速地将你包围，你就像正掉入一个巨鲸之口。一毫秒以内，大量的肾上腺素会本能的被释放，甚至是最有经验的跳伞运动员也会感到惊慌和恐惧，这就是“地冲”。我只经历过一次，但是我再也不想体验第二次了。

危机下总会产生恐惧的情绪。对领导者而言最重要的是了解恐惧是如何起作用的，如何对下属产生影响的，还有如何在危机中与恐惧共存并予以控制。除此之外，领导者需要逐渐了解恐惧对于特定环境的意义。所谓特定环境，就是指并不危及性命，但却由于自身原因，在许多关键时刻，产生恐惧并阻碍我们继续前进的环境。我决定亲自体验一下这种情绪，而用例子来体现危机领导人独特的情感特征，我相信这个例子只要有兄弟姐妹、子女、父母的人都能深切地体会到。从这一点出发，学会如何从一个客观的角度控制（从精确的角度出发，“控制”也许不是一个合适的词）像恐惧这样的情绪，将帮助读者认识自我，了解自己有能力发挥领导作用克服危险但不危及生命的环境。

直面每个父母最大的恐惧和焦虑：看着你的孩子处于一个潜在的危机环境

在我的小女儿克丽（Kerry）18岁生日过后的第四个月，她把我和我的妻子叫到一起，问我们能不能给她安排一次跳伞。屋里的气氛一下子紧张了起来，我心里矛盾着：第一，我确定我不愿让她从飞机上往下跳；第二，我不能拒绝她的请求。我曾一遍又一遍地告诉我的妻子和两个女儿，若是严格完成动作，自由落体跳伞是多么安全，我是多么小心地注意自己的安全。我曾花了大量的时间去教别人的孩子如何装备、降落、飞翔、着陆。在这些之后我怎能对自己的女儿说不呢？当我们所说与所做的相统一时，才是我们所说的诚信，这是一种品质。当我想到这就是我的价值观的核心时，我的心沉寂了，我所能做的维护我诚信的事，就是用接下来的实际行动，把我的女儿带到那扇半空中大开着的机舱门中。

最开始，我一直担心自己会将孩子置于危险之中（这是我一直想摆脱的想法），在这种焦虑中，我努力说服自己我应该这么做。可是我爱我的女儿，这又让我难以接受她的这种不理智行为。我的内心因深深的担心而冷得像黄昏时分的山阴。如果克丽受伤或死去，无论是我，还是其他人，都接受不了任何一种解释。无论哪种解释我也不能原谅自己。我是真的在为我寻找的理由冒险，因为再安全的跳伞也有不可估量的危险。

双人跳伞是指跳伞初学者在一个有经验的教练前面两人一起跳下，这种方式在一般情况下是安全的，并且它的安全记录上也显示如此。但是，任何一种跳伞运动的后果都不是可以预料的，每年都有人在双人跳伞中受伤或死亡。就在克丽提出请求的前两个星期，俄亥俄州威尼斯威尔市的一对双人跳伞搭档就出了意外。双人跳伞总是具有潜在的危险因素的。

我一生做过许多高风险的事，然而带自己的女儿跳伞，却让我有了一种前所未有的感受，毕竟这次个人损失的代价比以前要大得多。妻子的眼神告诉我，如果克丽发生了什么不幸，我也将失去陪伴我23年的爱侣。除此之外，我还将失去20年来给予我生命意义的这项运动。如果我的女儿在和我一起时死掉或是受到重伤，我确定，巨大的痛苦不会让我再继续这份工作。尽管这是她自己的决定，但却也是我的生活方式导致她做出这项决定的。**危机领导人对其追随者表现出真诚的照顾和关心，却因此造成他们的焦虑，**那种感觉正是我现在经历着的。

运用有限的能力在行动中寻找安慰

大约4天之后，我安排好了跳伞的时间，日子越近，我就越焦虑。但别无选择，只能用保持理智的方式来克服这种情绪。在开车到基地的路上，我将精力全部放在了这次跳伞的必需物品上，尽可能地准备好所有的一切。我考察天气，检查装备，亲自挑选教练并仔细观察他的一举一动，不管是在地面上还是飞机里，甚至在他自由降落的全过程。每个跳伞运动员身上都有一个自动启动装置，如果他们自由下落的速度超过了750英尺，这个自动启动装置将自动展开收拢的伞面。但我决定关闭我的设备，这样一来若是我的女儿跳伞过程中遇到我无法解决的问题，我就可以不用装置，直接跟着她降落到地面了。

在这种情况下应该用能力来克服风险，但我开始十分担心自己完成不好这次跳伞。我幻想着自己会越来越焦虑，会在真正的跳伞过程中达到极限。万一我惊慌失措了怎么办？没办法，我用了我只在比赛时才用的运动心理学方法，试着在事情发生之前进行想象：我看见跳伞结束了，克丽轻柔地降落在伞衣下面，自己像脱缰的战马一下子彻底放松了，而且高兴地看着她毫发无伤。可结果证明，那样的场景并未出现，事情并没有这么发生。

克丽和我从我的车的后备厢里拖出设备，走到跳伞老手们的表演场地，我便开始安顿、检查并组装设备。慢慢地，焦虑开始减弱，我对她的过度的担心也渐渐少了。我想或许是因为我对装配设备太熟悉了，也可能是因为即将到来的这一跳是不可避免。但无论是因为什么，在接下来的工作中我并没有更加焦虑，反而开始感到放松。刚开始没什么感觉，可是之后焦虑消失得越来越快。在走到学员场地时，我看到我指定的教练已经在那儿了。还有两个自由降落摄影师，一个是世界上最好的自由降落摄影师，俄国人伊戈尔·施皮诺（Igor Shpino），为克丽的这一跳摄影；还有一个老朋友，自由降落跳伞的军事教官，迈克·兰佛（Mike Lanfo）。我想不管发生什么，都会有电子资料存档，以后可以查看。

一个绰号可能是丹尼什（Danish）的美籍匈牙利人，是克丽这一跳的指导员，他为克丽穿戴好降落伞。我仔仔细细地检查了背带的一针一线，还有绑住克丽和丹尼什的设备。然后我开始弄自己的设备，当我全部绑好了降落伞时，那感觉就像穿了一双舒适而又合脚的旧皮鞋。对这次跳伞的担心更减弱了。我一次次地调整设备，那种一切尽在掌控之中的熟悉感仿佛正回到我的身体里。

我们大步走向低速运转的飞机，我们所有人——甚至是克丽——都带着自信和放松的笑容。我看了一眼克丽，她正在走向飞机，同时还向随时捕捉她表情的摄影师微笑。我第一个上了我们跳伞所用的飞机，它虽然很小，但却可以利用涡轮增压引擎和短程起飞装置迅速上升。随着9个跳伞员登上了飞机（我、克丽、她的教练、2个摄影师、4个自由跳伞员），所有人的注意力都集中在了这次跳伞上。我已经没有了准备阶段的焦虑和消极的情绪，逐渐积极地警觉起来，开始关注外部的环境。但别忘了，**再好的美景也可能瞬间成为死亡之地**。我习惯了观察外部的环境：就像是老朋友陪伴在我的身边，让我时刻精力集中并及时作出反应。

飞机开始在跑道上滑翔，离开地面时，那个高级教练大喊了一声“莎娃戈（Shawanga）”，这是一个美国土著公主的名字，她曾和她的爱人跳崖殉情。其他跳伞员老手们也一起呼喊了起来：“飞啊宝贝儿，飞啊！”克丽惊讶的眼睛睁得和茶杯似的那么大。当飞机逐渐高飞，我就在想还有什么设备能让她更安全些。我提醒众人我们穿过了 7000 英尺的云层——2000 英尺之下正是克丽的开伞高度。我第二遍目检了她的伞包，对两个摄影师点头微笑，趁克丽没有注意，我喊住丹尼什并小声嘱咐：“好好照顾她。”他笑笑点了点头。

到 13000 英尺的高空了，我很快地再次检查了我的设备，然后仔细看了看克丽的表情，她还是很高兴地笑着。我看向窗外，查看了一下我们的飞机（特别是飞行员看不到的飞机尾部和底部），又看看飞机周围，观察了一下在这种极端环境下有没有未预料到的危险。大约离地面 13500 英尺时，一个跳伞员把滑门打开了，比地面低 40℃ 的寒风扑面而来，我的一个同伴说：“小心！这是死去的跳伞员在我们耳边的呼吸！”克丽还在微笑着，充满了信心。

4 个自由跳伞员跳了下去，先是一个人，之后两个一组，然后又是一个人。我察觉到看着他们从飞机上下落，克丽有了一种不确定的感觉。但我的自信依然有增无减，摄影师爬向机舱门（仅仅是紧贴着门框），丹尼什也带着克丽走了过来，我们都为起跳做好了准备。

再没什么可做了：退出，退出，退出吧！

随着克丽和丹尼什自由下落，我所有的焦虑都烟消云散了。在他们之后半秒我也跳下了飞机，仔细观察他们的设备是否存在什么异常或者潜在的问题。跳出飞机后的2～3秒，丹尼什在15英寸的缰绳上打开了54英寸的降速伞，以此减轻双人跳伞的重量。但与此同时，由于他们下落速度极快，再加上我们起跳的时间差，我们的间距到了50米以上，超过了适当的间距范围。我将手臂置于两侧，头朝下继续下落，头盔内的一个微小的电子仪器随后显示我正以每小时150英里以上的速度缩小我和我女儿的距离，可是，我却觉得好像用了几个世纪才赶上他们，那时我俯冲下落的速度是每小时120英里以上。

我尽量伸展开自己的身体，减慢下落的速度，慢慢地赶上了他们。我轻轻抓住女儿的手腕，她的脸上依然带着微笑，可是强风把她的微笑吹成一个咧着嘴的夸张表情，像极了蝙蝠侠的强敌小丑。我将一条腿跷到膝盖上，像个转轴似的，滑到她身边，亲吻了她的脸。接着，我们就要穿过之前我提到过的5000英尺的云层了。我离他们远了些，好让丹尼什可以做他的工作。因为开伞这个重要动作，马上就要开始了。

他拉开开伞索，降落伞从他背后的黑色装备包中弹了出来，我就在旁边一动没动，协助双人跳伞的工作结束了。现在，就是我小心保存的设备发挥作用的时候了，我翻身朝上，看着他们的降落伞在风中展开，充满空气，膨胀，然后形成一个完美的长方形。克丽和丹尼什开始缓缓下落，但和还在自由落体的我们几个相比，他们仿佛在冲向空中。我又转身背部朝上，看了看两个摄影师的位置，以确保有充足的空间打开降落伞。然后，我打开了主伞装置，我立即感到被猛地一拉，熟悉的黑色和金色相间的伞面一下子张开，罩住了我。我抓住一个操纵杆用力向下推，来了一个跳水式的转身，以便能从伞尾看见我上方的地平线（和我女儿）。我像旋转的花样溜冰运动员似的转了一下头，看见丹尼什和克丽已经开始缓慢地向机场的开放场地降落。

由于地心引力的影响，在转向时我猛地扑了出去，接着我就感觉晕乎乎的，身体还不停地摇晃，但这却让我想起了很多事。此前我认为如果看见女儿安全张开降落伞，我会大松一口气，可现在我发现并非如此。我既没高兴，也没放松，可能还没到时候吧。我的任务还没有完成，我还要到地面上为克丽的着陆做准备呢，我想要先在地面上等着她。

我伸手抓住降落伞右前方的伞带，拉到腰部，控制着降落伞向降落区急速滑行，降落到了两个摄影师之间。丹尼什和克丽将会在我们的右方着陆。我迅速地脱掉降落伞，放下设备，关注着他们最后的着陆。在离地面还有30英尺时，克丽和训练时一样抬起了她的腿，将身体摆成了一个“L”形，这样她的教练就可以率先落地。丹尼什熟练地控制着跳伞平稳地滑行，最后他们成功地降落在了草地上，偏移目的地不到20英尺。克丽安全了。

看着我最小的女儿从飞机上跳下来，5分钟后安全着陆了，我想我的心情会立刻放松下来，然后这还是没有发生。我仔细回顾此次跳伞从开始到结束的每一个细节，从安排时间、策划跳伞，到成功着陆，每一阶段都很完美。我深爱着女儿，此刻我理应感受到快乐和放松的心情，可这些情感怎么就那么地遥不可及。尽管如此，我还是表现出愉快的样子走向她，帮她卸下装备，接着紧紧地抱住了她。我知道她已经理解为什么在阳光明媚的日子，她的爸爸总是会出门去跳伞，对此，我真的很高兴。

作为心理学研究者，我习惯于通过数据分析人类行为。但作为父亲和跳伞运动员，我明白了一次有效的实践行动抵过千万个数据。在这个过程中，在这个寒冷的8月的早上，在纽约城的上空，我女儿和我一起体验了危机中的情绪变化。

在接下来的几天，我仔细分析了为什么无论是在克丽跳伞过程中还是在跳伞后，我都没有出现情绪波动。然而在写这本书的过程中，我找到了答案。

危机下为什么要平复情绪

我的一个重要的研究发现，**处于危机下时，环境的危险会暂时使领导者失去对外界的感知**，这个有趣的现象被我多次证明。例如，受了伤的士兵直到射击结束后才会感觉到自己伤口的疼痛。高度危险的事件扭曲了人们对时间的感知：大脑对于危险的事情高度紧张，以至于危险发生时会减慢人的反应能力。例如，两车相撞时，当事人会感觉时间如停止一般。这种情况下所产生的情绪几乎是感觉不到的。情绪需要身体内部的感知和个人的认知，通常与一个人面对外部环境时的心率、呼吸等生理和心理反应有关。

危机环境需要我们关注周遭的世界，而不是我们自己内心的世界。**处于危机下时，领导者会习惯性地注重外部环境——这是一个学习目标，也是一个生存目标**。可这必将使我们更困惑于为何某些领导者（和下属）在危机环境中选择伟大的自我牺牲。他们愿意冒险，愿意在危急时刻牺牲自己，因为对于他们来说，个人利益已经不重要了。在危机环境中学习努力生存需要将精力投入到外部环境中，而也正因为如此，他们几乎感受不到焦虑、恐惧等情绪。

当然，通过培训提高能力对平复情绪也是很有帮助的。在 20 世纪 70 年代，对恐惧心理有个经典的研究就是，跳伞运动员带好仪器，通过监测他们的心率、呼吸还有皮肤的传导性，来测量运动员起跳前和海拔升高时，他们的兴奋度、焦虑度的变化。跳伞新手的生理指标会持续上升并在起跳时达到顶峰。然而相较之下，有经验的跳伞员指标却增长缓慢，而且在飞机上升至 1000 英尺高度时，上升的指标又开始减小了。有趣的是，研究者将这种现象归因于跳伞员在 1000 英尺的高空可以起跳了，因为高海拔能给予他们足够的时间跳伞逃生。对于自信的跳伞老手，飞机上升，海拔不断增加的阶段是跳伞最危险的阶段。而就我个人而言，我乘坐商用机时要比坐跳伞专用飞机时紧张，特别是着陆的时候，因为我经历的飞机降落次数要比起飞次数少得多。

危机下的环境判定为这种现象做出了不同的解释，那就是有跳伞经验的老手着重关注的是外部的危机环境，而没有在意身体的生理感觉。他们离机舱口愈近，或是已知的危险事件愈快发生时，他们反而愈加平静。相反，从我坐商业机（假定此飞机是安全的）会感到焦虑的例子来看，关注外部环境在这样的环境下不起任何作用，因为我既不是驾驶员也不能从商业机里往外跳。

因此，尽管统计表明商业机比跳伞飞机更加安全，可是运行良好的商业机还是比降落区的故障飞机更让我紧张。对于危机领导人来说，了解自己的处境并做出正确的抉择至关重要。

控制情绪不是危机下领导者的好策略

有个有趣的现象，**随着环境中影响个人情绪的危险元素的增加，有经验的危机领导者对自我情感的关注会越来越少**。这对人类而言是一种恩赐，也是一项不可思议的生存技能，而那些在危机下努力控制自己情绪的领导者很难体会到这一点。

☆ 为什么这对领导者至关重要?

我们应将这种方法运用到高风险的顶尖商业活动中，或其他无生命危险的环境中，人们可以学会理清重点，强化技能，更加注重外部环境的影响，而不是情绪化、过度兴奋、以自我为中心。高风险的商业活动需要大量发展和挖掘思想专注的领导者，因为在面对逆境时他们可以保持足够的冷静。

我以上所说的并不是要求领导者必须学会控制他们的情感，事实上，在一些案例中，控制情感可能会导致领导者更加注重自己的情绪而不是直面风险。我们都了解，情绪是很难控制的，然而在下属面前控制更是难上加难。情绪一来虽然我们无可奈何，可是领导者需要了解，当他们在高风险的环境中仍然有情绪，是因为他们的精力没有完全集中在外部环境中。这就意味着他们需重新调整对环境的态度，铲除障碍。这些都是至关重要的。某些极端环境专家也敏锐地发现了这一现象。与我密切合作的导师朋友，犹他州的史蒂夫·韦伯（Steve Webb）将这一时刻描述为“重整旗鼓”。

放下身段做领导

危机领导者对外部环境的注重和自我牺牲精神，是对各界领导者来说都至关重要的道德品质。这就解释了在我们的文化中，为什么船长应与手下的船员和谐相处，登山向导应将最后一瓶氧气留给他的委托人，将军应冲到战场的最前线。然而在相对安全的环境里，我们却可以容忍，甚至希望预测到领导者的利己、自私。比如，惠普公司的前任CEO卡莉·费奥莉娜离职时，领到了4200万的辞退补偿金（尽管她任职期间近15000名职工的辞退补偿金信息并没有及时上报）。还有，如果你在互联网搜索引擎中输入“6000美元的浴帘”，你将会找到泰科公司的前任主席丹尼斯·科兹洛夫斯基（Dennis Kozlowski）的故事，他获得了6200万辞退补偿金。

当高层的管理者获得特权，他们总会发生骄奢放松和私相授受这样的事，而可笑的是，多数这样的职位都会有其特殊的权力。人们总是理所当然地认为，成为领导就是个人的成功与个人付出的回报，而过去几十年中，某些企业的精英违反道德和法律，做出了很多损害公司利益以谋私利的事情，这确实给了我们一个惨痛教训。优秀的领导者应始终注意培养个人谦虚的品质，始终把组织利益置于个人利益之上，始终对部下真诚，从而保持彼此之间的忠诚和信任感。

领导者的个人冒险能很大程度地激发下属的信心，但是在变化纷繁的商业活动中，有时两者皆无法发挥效用。一个最好的例子就是莫尔登纺织厂重组又再次破产的故事。

较之企业利润，领导者如何做到更加重视员工需求

莫尔登纺织厂位于马萨诸塞州劳伦斯市，是一家生产抓绒等布料的家族企业。这个企业真可谓是几经波折，CEO 亚伦·佛尔斯坦（Aaron Feuerstein）既要对员工和家族产业负责任，同时，又不得不均衡风险，以抵御变化无常的复杂经济形势。

莫尔登纺织厂的纺织设备在 1995 年 12 月 11 日失火，被焚烧殆尽，31 名工人受伤。佛尔斯坦迅速做出重建工厂的决定，并且在接下来的几个月 3 次做出允诺：给工厂的失业工人发放 30 天的薪水，这样每个工人就领到了 90 天的薪水。他还做出了许多决定支持他的工人和当地的工会，由此他获得了最宝贵的信任和忠心。

在一段采访节目中，佛尔斯坦说 CEO 们必须“承担三种责任：对股东，保证他们获利；还有对工人的责任，对社会的责任。CEO 做出的每个重大决定，都必须将股东、工人、社会这三方面的利益考虑在内，这项任务要求领导者要有非凡的智慧和才能”。佛尔斯坦以这种态度获得了大量的忠心和关注，并在银行家、供应商、忠实的顾客以及关注他的客户、信任他的员工之间产生了不凡的综合效应，由此他坚信“我们将因此取得成功”。他企图凭借道德的力量领导企业渡过难关。

然而，事情的进展却不尽如人意，在对莫尔登纺织厂的领导和管理上，亚伦·佛尔斯坦的家族和其他股东都对他的决定感到震怒并强烈要求他下台。他们认为他的决定对股东们实在太过冒险。可是，为了坚守对工人的承诺，他仍放弃了将“债务转化为黄金”的策略。

再然后，佛尔斯坦与员工共患难的愿望也破灭了。1997 年，波士顿银行想注资莫尔登纺织厂，为他们成立一家子公司。在谈判过程中，银行坚持要佛尔斯坦同意将他个人的财产以及他在公司的股份作为贷款抵押。佛尔斯坦坚决反对并拒绝了这个要求，最后，他不得不关闭了一个他承诺要一直运营的工厂。之后，他建起了一所设施一流的工厂并在没有任何现金收益的时候付给了员工工资，但所付掉的工资远远超过了他的保险覆盖金额，最终他仍旧不得不申请了破产。

☆ 为什么这对领导者至关重要?

充分地理解在危机环境下领导力学习的价值和缺陷，可能对分析商业中的危机环境下的关系有所帮助。在真正危险的环境中，领导者和下属之间的关系会发生很大变化，尤其是在生死攸关的环境中，两者会将道德伦理看得至关重要。在这里涉及不到其他立场的人，即使有赞助者，生死存亡时，交易活动也不再重要了。但商务活动实际上更加复杂，它总是在领导和下属的平衡中加入第三个实体：客户或股东。为了平衡这第三个实体的需要，领导者不得不做出决定先考虑哪些人的利益。

领导者应该怎样处理和克服恐惧

心理学家、冒险家、危机领导者布赖恩·杰曼（Brian Germain）曾经这样描述过恐惧：“维护和平比创造和平更容易。”他的意思是保持轻松很容易，而在恐惧或其他不良情绪影响能力发挥时，加以控制住，这就很难了。肾上腺素一旦释放，心率、呼吸频率就会立即加快，紧张情绪就会产生，并对心情产生巨大影响。若任其发展，情绪会表现为愤怒或是恐惧。这些分析是心理学的入门课程。

在一个集体中，这个理论同样适用。恐惧是会传染的，它会随着谣言的以讹传讹不断增强。在危机中，若是情绪轻松，很容易就会将精力集中在外部环境中，而一旦情绪占据上风，我们就会分神，注意力就会转向我们的内心世界了。这就凸显了**坚持的重要性**。注重外部环境和自我保护的心理是无法并存的，因为保护心理一旦产生，就会引起恐惧和惊慌情绪，最终把自己击垮。

当今临床医学家，还有威廉·詹姆斯（William James）等早期的传统心理学家都认为，放松等心理状态的建立是无法与恐惧等这一类情绪并存的。治疗恐惧和焦虑的主要行为疗法就是使病人逐步放松。当危机领导者和下属意识到恐惧的影响时，他们应当想到一个词：呼吸。肾上腺素激增会产生一系列的本能反应——包括心率、呼吸速率加快、皮肤传导性增强还有肌肉收缩——我们最能用自我意识来控制的就是呼吸。**深深的、有节律的呼吸可以缓解恐惧引发的不良反应**。生理放松可以使你恢复并保持心理放松的状态，从而重新关注外部环境。

做一个彻底的深呼吸，把空气吸入你的肺，然后控制着缓慢呼出。它通过增加血液中氧气的携带量来改善生理和心理状态。当你需要缓解恐惧和焦虑，或需要调整压力时，可以有意识地培养这个习惯。到那时，无论是面对多大的威胁，你都会在危机领导者的路上走得更加平顺。**恐惧会阻碍才能的发挥，缓慢地呼吸和放松的心情则是克服恐惧的强大武器，因此大口呼吸吧**。

我们都知道在紧急情况发生时最重要的就是保持冷静。这里有一个例子，说明了领导者保持冷静对他部下安全的重要性。

冷静与放松如何帮助你从危及生命的环境中逃生

最近，我亲眼目睹了一架小型飞机从佛罗里达州的威尔士湖市政府机场跑道上起飞后又瞬间坠毁的一幕。飞机由吉姆·韦斯特（Jim

West）驾驶，上面满载了跳伞员。吉姆是一个非常出色的危机领导者，有 50 年的工作经验，其中几万个小时是在乘载跳伞员，数千个小时在自己跳伞。就是这架小型飞机起飞后在离跑道 400 英尺的空中旋转起来，这个高度对跳伞员来说太低了，他们不能从紧急出口跳伞逃生，这时飞机引擎又突然停止运转。

飞机上只有死一般的沉默。这确实是每一个跳伞员的噩梦：飞机出了故障，飞行高度太高，无法安全降落，但对跳伞员来说高度却又太低，无法跳伞逃生。

对飞机上的跳伞员来说，这是命悬一线的时刻。他们是老老实实地坐在结实的铝座上，祈求能从灾难中活下来，还是不管摇摇晃晃的飞机，慌乱跳伞，祈求降落伞能及时地打开呢？

跳伞员们最后选择了待在飞机上，不去冒险跳伞。在降落区，他们讲述了一个让人难以置信的故事——他们的领导者是如何在危机中及时恢复镇静稳住整个团队的。引擎熄火后，吉姆转过身来，透过太阳镜微笑着看着跳伞员们，然后他用典型的俄亥俄州拖腔说：“你们睁着眼睛，小伙子们，你们不会后悔的，因为这个经历会让你们终生难忘。”一下子，跳伞员们都将精力集中在正确的逃生步骤上，并一直保持着。正是吉姆的自信和在生死关头时的冷幽默，将跳伞员们从自我世界（也就是他们的内心世界）中拯救出来。这是真正的瞬间转变而来的领导力：**努力向前看，摆出乐观的姿势。**

尽管飞机着陆时全部撞毁，但吉姆却带领整个团队全部活了下来，他告诉我这是他经历的第 7 次飞机坠毁，对我们来说这是多么可怕的数字，然而这个飞机驾驶员却一生都在奋斗、奉献，还要经常试飞。经历 7 次飞机失事并不是对他能力的否定，而是证明了他临危不乱的心态以及抓住最后机会停桨迫降的能力。

☆ 为什么这对领导者至关重要？

这一课非常明确，领导者必须在他的部下面前保持镇静和沉稳，面对恐惧时更应如此。我们中的大部分人都会以“了不起”评价吉姆·韦斯特的能力和远见，他能做到这一切，是因为危机发生时，他将全部注意力集中在了他的队员和飞机驾驶上，而不是自己的恐惧。**拥有一个外部目标，就不会再有恐惧。**

然而，在许多群体中，一些人总是表现出紧张和强烈的情绪，好像这才是他们能力和努力的证明。回想一下最近在你周围发生的突发事件吧，比如说假期取消了，高尔夫球赛改时间了，吃午餐变成胡吃海塞了。幽默不见了，因为觉得是不合时宜的。而且任何一种休闲或者对工作的放松都产生了这么一种印象，此人不守信用、没有责任感，或者根本意识不到突发事件的严重性。紧张反而成了最适合的状态。

以危机的观点来看，镇静并不是自私。相反，它是对组织和环境的关注的表现。当人们明显开始关注自我时，领导者就失去了掌控全局的能力，比如他们故作姿态、指手画脚、推卸责任，这些都会削弱整个团体的能力。危机观点认为这些不是处理危机的方法，而是应处理的危机的一部分。吉姆·韦斯特接到任务时也不知道将要发生什么，但他活下来了，一部分原因是他更关注他的团队而不是他自己的心理世界——那是恐惧和不自信的藏身之处。

推卸责任的危险：指责不是一种有效的领导方法

当事情朝糟糕的方向发展时，愤怒和指责可以毁掉所有的领导者，

特别是危机领导者。事实上，在2005年新奥尔良发生的“卡特里娜”飓风灾难后，陆军部队首长皮特·休梅克将军（General Pete Schoomaker）曾与布什总统一起参加一个电视访谈节目，那时他就使用过“危机（in extremis）”这个词。当免于飓风影响的我们在全国电视台中看到这个悲剧的新闻时，墨西哥湾海岸有150万的居民正无家可归，还有更多的人可能被淹死、生病、流离在外或是失踪。该是政府的领导人挺身而出的时候了。如果贪婪是领导人失败的原因，那么，就像下面例子中所说的那样，**在惨剧发生时政府领导人仍互相指责、推卸责任，那他们也离失败不远了**。

为何不对灾难做出回应？指责正好可以推迟回应时间和灾后重建

在“卡特里娜”飓风发生时和发生后，新奥尔良的市民没有得到很好的遣散和照顾，市长雷·纳金（Ray Nagin）责备了路易斯安那州政府和联邦政府。愤怒的火花不是因为政府面对灾难时的无行动和不反应煽动起来的，而是由于城市的领导人的一项猜测，即种族原因是政府回应不及时的原因。飓风过后不久，纳金引用了一句话：“如果是种族原因，那好，让我们直言不讳地说，我们绝不会允许这样的事情再次发生。即便你憎恶黑人，还身居要职，这都无济于事。”

我们不知道纳金确切暗示的是谁，是美国总统还是路易斯安那州州长凯瑟琳·布兰科（Kathleen Blanco，他在回应中反过来责备了城市和联邦政府），又或者是FEMA（联邦应急管理局。——译者注）的局长迈克尔·布朗（Michael Brown，他给国会的文件中将国家和路易斯安那州政府都说成是“功能瘫痪”）。他确切责备的是谁都不重要，因为他经常在公共场合发表这种言论。我在网站上打上“纳金的责备”，就能在搜索引擎上搜到2000～80000个词条。

☆ 为什么这对领导者至关重要？

领导人在危险或灾难环境中做出愤怒和指责的举动，其背后真正的悲剧不是它损害了权力的根基（一般都会损害到），也不是它体现了领导者缺乏控制力（尽管确实是这样），而是它削弱了追随者的信心，并且使之后权力的实施和重建工作都变得更加困难。

愤怒和指责对部下的心理健康也是有害的。1996 年由堪萨斯大学的埃里克·韦恩伯格（Eric Vernberg）教授的研究队研究了三年级至五年级儿童对“安德鲁”飓风的情绪反应：他们的研究方法是量化分析幸存者的四种应对策略：积极的，指责愤怒的，充满希望的，无所谓的。研究结果刊登在著名杂志《变态心理学杂志》上。它揭示了指责和愤怒的态度比其他几种更能引起过度创伤压力症（PTSD）。领导者引起或加深下属的自责感和愤怒感，可能会导致 PTSD 的发病率增加、服务性行业人数的增加以及一系列的经济问题。

在危机环境下，领导者表现出的愤怒、推诿、指责是对部下发出的一个明显信号：“我不会对你们的生命负责，我控制不了局势了；我们现在只能受局势的摆布。”在正常的领导环境中，推诿和指责基本上表达了同样的意思。相反，**最好的策略就是将注意力从挫败和愤怒转移到充满希望的将来，就和下面所说的一样。**

向挫折屈服不能解决问题

这一课让我想起了 20 世纪 80 年代晚期一个寒冷的晚上，驻守德国的美国陆军进行了大型的军事演练。我的由 110 个士兵以及 40 辆装甲车组成的炮兵队伍刚刚完成了一次向北50英里的快速行军，目的是诱使敌方部队相信我军的一个大型队伍坐落在比它的实际位置更北的区域。这项计划由我的部队完成佯攻。而实际上，装载着装甲炮和我们全部武器（除了来复枪和化学防御装备）的快速运输卡车在夜色的掩护下将重新回到南方，我和我的士兵则要跟着上级总部安排的装载着大炮的军用车。

这是一个大计划。凌晨1点时，卡车出现在事先安排好的地方——高速公路旁一块闲置土地上。我们卸下装备和武器，卡车就离开了，我们则在原地等我们的车来。2点30分，明显计划有变，因为我们的车已经晚了1个多小时。由于我们所处的位置过于偏北，而且我们主要的通信设备都被卡车运走了，几乎不可能和总部通信。情况非常危险，因为我们也没有御寒的东西。当时的温度是10华氏度，温度还在持续下降，睡袋和厚衣服都在卡车上，我很担心士兵会冻伤。我认为总部应该对此次失误负责。

我的第一中士史密斯（Smith），一个坚韧的领导者，他问我接下来该怎么做。他立刻看出了我的沮丧和愤怒，而且我已经准备要召集所有人，告诉他们事实：总部把事情办砸了，眼前糟糕的处境不是我们的错。如果我这样做，这将是作为一个领导者犯下的严重错误。幸亏，我的中士救了我："长官，不需要让大家也一起气愤，你为了我们已经快发狂了。我们就把这寒冷当作是另一个敌人，一起作战吧。"

之后，他命令士兵们进行了化学防御武装演习：把嵌有活性炭的防毒服、防毒面罩、橡胶手套，还有长筒靴子都穿好。士兵们平时都很讨厌化学防御装备，因为又热又不舒服。穿戴好之后，他给3个排每个排都派了一个任务：一个去找干木头生火，一个去将士兵身上所有的冷冻食物和水收上来，一个去做热身的体育锻炼。想象一下，凌晨3点时一个路过的德国人看到这个场景会有多奇怪：一伙美国大兵身穿化学防御装置做着体操，而且还在一个闲置的车站生起了火。

然而最后任务还是完成了。没有人长冻疮，总部也解决了问题，车派了过来，在天刚刚亮的时候我们又上了路。到了目的地之后，我给了我的吉普车司机一些钱，让他去附近镇上的面包房买了许多刚出炉的热乎乎的圆面包和黄油，以此来给我的士兵们一点冷早餐后的额外补偿。当然，它们也帮忙驱走了寒冷。我的第一中士，由于他集中注意眼前的处境并做出适当的反应，而不是一味地抱怨，他得到了两块圆面包。

失败主义的危险：放弃不是好的领导方法

和愤怒与责备一样，失败主义的态度削弱了领导者和整个团队的能力。近来在杜克大学，一组高级行政人员加入了一个座谈小组。组员包括登山运动员和顾问艾莉森·莱文（在第三章介绍过）。莱文的部分领导理念是：在危机环境中领导者的个人责任感是至关重要的。不仅如此，承担自己的责任在安全的环境中也是非常关键的。莱文曾是高盛集团的员工，在那儿也同样需要如此。她说："人们必须能够挺身而出。"当谈及登山队，或者商务活动，"高盛的每个人必须说到做到"。莱文在这一点上非常坚定，这种坚持或许源于她勇攀高峰的精神。

一个由非裔美国人组成的专家团也参加了座谈会，他们坐在房间后面共同讨论了领导力问题，而且他们还提出，在一个领导者可以在不同的环境担任领导之前，他必须确定他的种族立场。这个评论员的大体意思就是，无论来自哪一个种族，其实都没有关系，因为一个人的种族是无法改变的。"我的家庭一直很富裕。"他说，语气里没有他在财富 500 强的几家公司董事会上时那么谦恭，"无论你是什么背景，无论你从哪儿来，都没有关系。我甚至也曾在白宫，穿着制服接过人们手中的车钥匙，为他们停过车。而现在，在达拉谟，就连我的孩子逛街时也要带着保镖，跟着他一家家地逛。"

莱文倒是没有错过打击他的机会，她立即喊了一声："把他们的车开走！"房间里一下子哄堂大笑，然而她的意思很明确：优秀的领导人绝对不会逃避责任，从不向命运妥协。一个失败主义者的态度就是放弃他们手中的责任和权力。他不配做领导者。

最后莱文向那些禁锢在环境中的人表示她很失望："人们总说'我们的公司糟透了，我们的工作糟透了，我的家庭生活糟透了'。我告诉他们，'不，是它们让你糟透了'。"

☆ 为什么这对领导者至关重要？

这一章讲述了在危机环境下应有的态度：消极是一种奢侈品，你只可以在安全的环境中享用。当身处险境时，个人责任感就十分重要了，你没有时间和精力抱怨准备置你于死地的环境。你所能做的很简单，就是担负起你的责任，竭尽所能改变它。

如何处理危机下的情绪

在《我们曾是战士》中，旅行家加洛韦写到了一个无私的危机领导者超越恐惧的令人振奋的场面。这是一个几乎接近荒唐的关于冷静的例子：他是一个坚强的、饱经战斗磨炼的中士，他在什么环境中都能拍照，就连美国的地盘快被越共占领的时候也不例外。

火再有两英尺就要烧过来了，我还在努力放平自己的身子，躺在地上。突然感到有一只穿着战靴的脚踢了我的背一下，我侧着抬头一看，哦，是少校军官巴兹尔·普洛姆利（Basil Plumley）站在那儿。普洛姆利弯下腰，对着我喊，声音几乎盖住了所有的枪声："你不能躺在那儿不拍照，桑尼

(Sonny)。”他是那么冷静、无畏，还咧嘴笑着。我想：“也对，反正我们都会死，我还不如站着拍呢。”然后，我就站起来照了几张。普洛姆利转移到阵地，拿出他的左轮手枪，然后对卡拉拉医生（Dr. Carrara）和他的医疗队说：“先生们，保护好你们自己！”

当事情变糟时，领导者必须控制情绪，避免使下属继续无益的劳动，也不要使下属作伪、惊慌、无所事事。相反，领导者要多做深呼吸，关注外部环境，放任形势的发展，并随其发展做出相应的行动。若表现不恰当，就会使下属感觉到事情发展得不顺利。这样反而会使问题更难解决。

你我都可以从这一章描述的事例中学到一些东西：我和我女儿跳伞的经历，吉姆·韦斯特从坠毁的飞机安全生还的经历，士兵们和摄影师更加关注周遭的环境而不是他们自己内心的情绪的事例。这些例子揭示了危机领导力的课程是很有用的。无论你是从公司一场大火中恢复过来，还是由于计划失败，在午夜时分寒冷的高速路旁，你尽力稳住部下的情绪，请记住，**情绪是领导者自我表达的一部分，**就像黏土对陶艺术家的作用一样重要。危机领导人知道情感应在什么时间和什么地点发泄——但这个时间是在危机过去之后，所处的地方也应该是绝对安全的环境。在这之前，注意力应始终放在外部环境中。

在下一章，我们将看到这样几种情况：**领导人自信丧失，下属担心领导者的行为会威胁到他们的身体健康甚至失去生还的希望。**在此基础上，我们将探讨死亡事件发生会怎么样。

总 结

1. 学习如何处理你自己的恐惧，之后你就可以控制别人的恐惧。恐惧是面对一种环境最普遍的一种化学反应：濒死时肾上腺素会大量释放。然而，不管是什么引发了这种生理现象，我们都要了解恐惧在危机下会大量产生但是是可以被掌握和削弱的。领导者需要了解恐惧是如何产生、如何对部下产生影响的，以及在危机下怎样通过对外关注生存下来。

2. 了解并解决好危机，能抚平你可能会有的不良情绪。这是我和女儿跳伞之后发现的，之前我一直担心女儿可能会受伤或死亡。但我用理性和充分准备来应战恐惧，尽一切可能保证克丽的设备和陪她一起跳伞的人的安全。我总以为克丽越快要跳伞，我会越焦虑，但事实却与此相反。因为我受过训练，在危机时应该保持对外关注。我没有变得焦虑，相反更加警觉。当她安全着陆时，我发现我几乎没有任何情绪：我没有感到放松，因为危机抚平了一切情感——这是一个所有领导者都必须了解的事实。

3. 关注外部环境，而不是你内心的情感。危机环境需要我们关注周遭的世界，而不是我们内心的世界，只有在危机下，领导者才会越来越习惯如此。这是一个学习的目标，也是一个生存的目标。这就是为什么一些危机领导者热爱冒险，甚至是身处危机的时候愿意牺牲自己，因为对他们来说个人利益已不再重要了。在危机下学习努力生存需要将精力投入到外部环境中，而也正因为如此，他们几乎感觉不到焦虑、恐惧等情绪了。

4. 不要试图控制你的情绪。这样可能会使你更加注重自己的情绪本身而不是直面风险。除此之外，情感一经感知就很难控制，而在下属面前隐藏情绪更是难上加难。你可以学会理清重点，强化技能，更加注重外部环境的影响，而不是表现得情绪化、过度兴奋以及以自我为中心。高风险的商业活动需要大量发展和挖掘思想专注的领导者，因为在面对逆境时他们可以保持足够的冷静。

5. 放下身段做领导。正如船长与他的水手相处融洽一样，优秀的领导人需要和下属一起面对同样的逆境。但不幸的是，有时候这意味着你所带领的团队的失败。莫尔登纺织厂的 CEO 亚伦・佛尔斯坦正是由于与员工的并肩作战，在经历工厂失火，以及其他阻挠事件之后，最终不得不向银行申请破产。最终，领导者与下属一样，都没有得到令人安慰的结果。

6. 保持冷静，在危机环境中多做几次深呼吸。这可能听上去像是无足轻重的建议，但它不是。研究证明，呼吸和放松可以帮助人们应对十分困难、复杂的情况，就像吉姆・韦斯特第 7 次成功地带领全体乘客从快要坠毁的飞机中安全逃生那样。如果你能保持冷静，你就能做出出乎意料的事情。

7. 危机下，不要随意指责、推卸责任，将精力集中在解决当前的困难上。事情结束以后，所有人都安全以后，你再开始分析事情哪里出错了，是谁的责任，如何防止此类事件再次发生。

8. 不要让愤怒和挫败阻挡你前进的道路。领导者难免会心烦生气，但优秀的领导者在下属面前不会表现出来。因为这不仅起不到任何帮助，反而会增加下属的紧张感。将精力放在解决问题上，正如我的队伍站在德国那个寒冷的夜晚里不知所措时，我机敏的第一中士提醒我的那样，是他帮助我们毫发无伤地度过了那个夜晚。

9. 不要屈服于失败。推卸责任很容易就能摆脱困境，但这不是领导者所为。不要屈服，优秀的领导者会竭尽全力解决当前的问题——无论是种族问题，还是更危险的环境。

5

在不幸中领导：学会应对损失

人们都知道危机下潜在后果的严重性，所以危机领导者需要具备一定的道德制高点。在危机下，优秀的领导者要知道自己该做的工作，知道自己要对下属负责，要有强壮的身体和坚定的意志，还要做好充分的心理准备。在危险较少的日常生活当中，同样也应如此。尽管本书的重点是危机领导模式，然而**本质上它是要帮助所有人都能从卓越的领导才能中得益**。不幸的是，研究危机下的领导模式也意味着很多领导者和被领导者并没有在危机下活下来。所有的领导者都需要学习如何面对死亡，如何在最悲惨的情况下继续领导。这种情况，既要求领导者对死亡承担责任，同时也给实践者提供了展现领导能力的机会。

你是否认为你的团队很安全，不可能经历人员伤亡的事件呢？如果是这样，那么当死亡或严重灾难发生时，你的队员将会处于毫无戒备的状态。我们要保持这样的观念：**只要有人存在，就有可能发生意外。**“9·11”事件之后，世界上还有许多危机存在——集团绑架、屡禁不止的恐怖主义和持续不断的意外事件，这些对于领导者来说都是很大的挑战。许多危机领导者总结出了很多好方法来应对团队中的各种危险。

应对死亡是一项生活的技巧，当然这并不局限于危机领导力中。然而在危险情形中的领导者可以教会我们许多应对死亡的方法，因为他们有更多应对死亡的经验。举个例子，我是一名职业军官，我曾代表军方官方地处理过 40 多项墓葬、火葬、殡仪服务和拜访任务。对我来说，最困难的莫过于去通知家属他或者她所爱的人已经死亡。也许更为重要的是，我曾作为领导者直接面对过这些，若是有队员意外死亡，整个团队都必须知道这一消息，经过伤痛哀悼、接受事实，然后继续前进，这份领导责任最终还是由我来承担。

这样的经历在个人生活中也很普遍。我们都有自己的孩子，当他的朋友在车祸或者疾病中不幸去世时，我们必须帮助他，因为每个家庭都会遭遇亲友去世的事情。最近也发生了这样一个不幸：28 岁的篮球教练在带领她的团队打进美国大学体育协会（NCAA 赛事）后不到一个月，因心律失常去世了。我的家人最近也悼念了一位老朋友，她是一位母亲、一个军人家属，在确诊两个月后，肿瘤迅速恶化，带走了她的生命。

在危机下，死亡总是与领导者和被领导者如影随形。比如说，有一件经典的跳伞 T 恤上画的是：跳伞员头朝下、臂向背、腿伸展，以 45°倾斜的姿势向下掉落，同时背面还画着死神，旁边写着“真惊险”。当跳伞老手们看见有人险些丧生，或是落地了才发现设备故障时，他们会相视一笑说“真惊险”；跳伞新手或是没跳过伞的则会一脸迷茫，不知是什么意思。在其他的环境中（如学术、商业、公共服务环境）死神看起来似乎很遥远，但是这些机构也不可避免地会发生一个或几个成员死亡的事件。

对于领导者来说，死亡的发生是一个关键的时刻，他要不然在这极短的时间内将团队带好，要不就永远失去这个机会。本章回顾了在死亡环境下的领导方法，并重述了一些在这种情况下的应对方法。**探索的过程并不像你想象的那么复杂，因为处理死亡比起死亡本身，更多的是对**

生命的热爱和对现有生命的珍视。好的领导者都是热爱生命、珍视生命的人。

学好这一课——死亡发生时，关注环境，领导生者

我第一个关于死亡的故事是从庆祝节日开始的。1998 年，我和我的家人在韩国的汉城庆祝万圣节。那时部队给我两个月的假期回家探亲，这期间我的副指挥弗兰克·维拉纽瓦（Frank Villanueva）在指挥所接替我的职务。我的妻子凯和女儿住在龙山军事保留地的一个小公寓里，我从非军事区边界的炮兵指挥所出发经过近两个小时的长途跋涉，才回到了我汉城的家。孩子们刚结束了“不给糖就捣蛋”的活动，正数着拿到的糖果——虽然这个活动对韩国人来说是陌生的，但是他们还是笑着拥抱了孩子们。我和我的妻子刚打开一瓶酒，电话就响了，而接下来发生的一切，永远地改变了我对领导力的看法。

这第一次报告虽模棱两可，却足以让我烦心：我们 12 个侦察团中，有一个团与步兵营一起执行巡视边防的任务，当他们要退回南方时，驾驶的一辆火力支援小组的履带式车辆不知怎么驶入了河中。我知道 15 吨重的方形铝制装甲船能在水上漂浮，也能在水道中行驶，但有时候两种不协调的功能非但不能解决问题，反而会带来更多的麻烦。然而，给我打电话的值班员说可能有一个人牺牲——这可真是每一个指挥官的噩梦。由于非战争的原因牺牲一个士兵，可能是领导者面对的最困难、最惨痛的情况了。我将报告报给我的上司，以便消息能继续上报。然后，我穿好鞋子，吻别了家人，就去了北方。

当我到汉城北郊的时候，手机响了起来，是弗兰克的电话。他把具体的情况一五一十地报告给了我：沉重的履带车在一座四车道的桥上失控，冲过混凝土钢筋的护栏，翻下 60 英尺的大桥，跌入了 20 英尺深的冰冷激流中，目前已经发现两具尸体了。

我真的很震惊。这些都是钢铁营中训练有素、思想集中的士兵，从来没有发生过这样的事情。我给我的教官吉姆·丘奇（Jim Church）上校打了电话，他安排了一架直升机将我们迅速送往现场，当我都快安排好了的时候，电话又响了：确认3人死亡，至少有2名生还。我已经搞不清是不是要对那几个幸存者感到庆幸，因为在军营里3人牺牲真的是最糟糕的事了。电话再一次响起：5人死亡，2人幸存。

直升机打着信号灯在桥附近着陆，我看到现场有探照灯、医疗救助直升机、救护车、忙碌的士兵，还有几个凌晨2点不睡觉从附近村庄过来凑热闹的韩国人。我穿过桥走到混凝土墙的豁口那儿，一群穿迷彩服的士兵也朝这儿走来，中间那个是第二步兵师指挥官鲍勃·迪斯（Bob Dees）少将。他手下有超过17000个士兵，有5个也不幸牺牲了。我敬了礼，然后我们相互进行了军式问候："长官，您的部队无人能敌。"我草草报告了一下我所知道的信息，看着他深呼吸了一下。这次事故影响太大，估计一小时之后就能上CNN，在充满糖果与欢乐的万圣节前夕，5个家庭开门迎来的却是伤亡通知官和军队牧师。这绝对是迄今为止我生命中的最低谷。

迪斯将军回头看着我，坚定地说："汤姆，**指挥官的成败不在于坏事是否发生，而在于他对坏事是如何处理的。**"他所说的这一切都表明他是一个经历过士兵牺牲的领导者，他明白将来还会失去更多。领导的意思是尊重死者并帮助团队脱离悲伤，而不是只关注领导人自己的感受。**死亡让优秀的领导者知道，是领导生者的时候了。**鲍勃·迪斯就是一个危机领导者。

死亡环境下领导的要点：表示尊重

一个领导者，特别是在高风险企业的领导者，得到下属的信任十分重要，因此要时刻对团队成员表示尊重并极度重视他们的生命健康。有死亡事件发生的时候，人们会仔细观察领导者的一举一动，因为死者在任何团队中都是最脆弱的，他们再也无法保护自己，是无辜的人类灵魂。他们再没有贡献的能力，也没有了与他们利益相关的交易，因此，他们以及幸存者所受的对待方式产生的影响比其他任何情况下的影响都要深远，这也就是为什么领导者要将团队中每一个成员的生死视为自己的生死。

如何处理死亡事件

领导者如何对他们的下属和同事表示尊重是很重要的，因此我们先来看一些具体办法，如何对死亡事件做准备，如何反应，如何接受死亡的事实并使生者可以继续前行。

当我们要应对这些事件时，你需要站在领导者的立场上。假设悲剧发生在了你的团队，你必须对其做出反应，这种设想可以极大地促进你领导能力的加强。但请记住，若是你对自己人员的生命问题一无所知，那么你也无法进行领导。

告诉下属，什么事你必须立刻知道

领导团队度过悲剧的第一步是你要了解整个事件。死亡或者是医疗事件会层出不穷。

想象一下，周末 4 天休假之后你回到了办公室，问你的秘书：“人们都哪儿去了？”她才告诉你说：“参加葬礼。”因此你要讲明白你需要什么样的信息，多久之内你就要知道。在军事上，这是衡量一个指挥官能力的标准。通常情况下，只要遇到下列任何一种情况，必须立刻通知领导者：

- 组织成员及直系亲属死亡或者住院；
- 在组织中发生威胁生命安全或损失工时的事故；
- 在组织中发生重大盗窃或者犯罪事件；
- 组织的核心任务受到重大威胁；
- 诉讼事件或是对诉讼事件的可信举报，例如雇员在履行职责过程中造成的损害；
- 组织被媒体曝光，例如涉及组织的正面或负面的新闻，或者是记者采访组织。

或许在这一点上你会表示怀疑：“你的意思应该不是一个领导着3万人的CEO必须马上知道这些事情吧?”嗯，我就是这个意思。在经常面临生命危险的组织中，领导者必须做到以上几条，但是它们应该得到更加广泛的运用。在有些组织中，人们认为只要把重要事情报告给直接上司就可以了，之后，再由他们自己决定该要上报给哪一级领导。这种方法是行不通的，因为这样，信息永远都报不到高级领导者那里。我知道的所有陆军师长——有些师甚至超过两万名士兵——都有这样的士兵在24小时内必须上报的紧急事件列表——这个指令不仅限在战时有效。这种个人的信息上报方式，以及以下几个重要方式，使领导者与他们的组织紧紧相连。

首先，这会时刻提醒高层领导者他或者她是负责人，在等规模的组织（少于3万人）里，由于管理责任纷繁复杂，这一点很容易被忽视。其次，它会促使次级领导者做出正确的决定。如果他们的老板也知道史密斯家在一场交通事故中失去了一个孩子，那么次级领导者更可能对有需要的下属表示尊敬并履行应当的义务。因为如果老板都知道了，那么每个人都已经知道。若是对员工的个人不幸做出回应，那么这就算是一个健康的组织机制能做到的。

最后，很多影响组织发展的决策都是由上级领导者决定的。并非所有的重要信息都需要高层领导者亲自行动，但是最终的决策还是由他们来制订。

领导者应该从危机领导者身上学习这一点，当悲剧或重要事件发生时，能得到具体详细的信息。其实对于员工来说，就是简单地将信息总结为一个行动纲要，早晨快速扫一遍，然后根据需要做事就可以了。不要远离下属，危机领导者不能这么做，好企业的领导者也不能。

确保不遗漏一个人

陆军参谋长皮特·斯库梅克将军在部队视察时送给他遇到的战士“挑战”和“卓越”两种硬币。我有一枚，椭圆形的，就像赛马场形状的士兵铭牌，也像狗牌（只不过它太重，不能挂在脖子上）。四句简短的第一人称的誓言刻在硬币背面，那是陆军战士在危机时所发的精神誓言——一种武士精神：

> 我始终把任务放在第一位。
>
> 我决不接受失败。
>
> 我决不退缩。
>
> 我决不放弃任何倒下的战友。

武士精神对于专业化的军队来说宛若神谕，士兵们以此作为生死的信条。虽然这些精神是为了避免士兵在执行任务时陷于更危险的环境，然而我们也应将其应用到日常生活中。把任务放在第一位，决不退缩，决不接受失败，这对任何人来说都是至关重要的原则，尤其是对领导者。最后一条“决不放弃任何倒下的战友”，应该是最有组织性的，最重要的一点，也是这种精神的独特体现。它告诉你的盟友和下属：即使死了，你也依然是我们中的一员。

无论在什么团队中，每个队员都是一个士兵。首先，任何死亡或者是住院事件，领导者都需要慰问——最好是个人拜访，若是无法个人拜访，就可用打电话或送卡片的方式。我说“任何死亡或者是住院事件”，意思就是员工中只要有人发生这样的事件，CEO 都应亲自或指定代表前去慰问。在前几章中我说过，只有做得比人们期望的更多时才能鼓舞人心，而当员工或者下属处于生活最低谷时，便是这样做最好的时机。

其次，是否对员工的死亡或者不幸事件予以慰问，与其在公司中的职位无关，领导都应大方地表示尊重和理解。无论是低薪员工还是上层专家，对于去世的员工没有身份等级之分。因为用等级区分来决定领导是否予以慰问，这种做法，会成为公司的毒瘤，是绝对行不通的。极端环境下，即使风险极小，也要共同承担。生命无轻重（和基本的道德观）告诉我们，守门人妻子的生命价值与公司副总的生命价值同等重要。将你的公司上下紧紧地联系在一起吧，这样才能在灾难发生时变得更加强大。

从武士精神中学习吧，不要放弃任何倒下的战友。

领导时要保持谦虚

当领导者在发生不幸事件时领导下属，在各个方面都要保持谦虚、谨慎的态度，这一点极为重要。这看起来简单，但是我们大多数人习惯了在工作中表现自己、掌控一切。但当有人死亡或者严重受伤时，他们的荣誉和利益必须先被得到重视，这一点没有任何商量的余地。因此，领导者需要主动放低自己的身份以死者或者伤者为重。这一点是我在一个因空难牺牲的 250 名战士的葬礼上学到的，在那里，我看到了一个最高领导者在面对年轻士兵的家属时是如何的谦恭有礼。

领导如何处理悲剧：关注家人和逝者，而不是葬礼

1985 年，一架包机在纽芬兰的甘德坠毁，它是美国空军历史上损失最大的单起事故。这是一架由军方特许的客机，它曾在甘德降落进行燃料补给。上面坐着的是 248 名士兵，他们刚刚结束了在西奈半岛上为期 6 个月的维和任务，正要返回肯塔基州坎贝尔堡的家乡。其实共有 3 架飞机在圣诞节假期前夕运送士兵回家与家人团聚，这是其中一架。在冒着严寒补给燃料之后，DC－8（一种喷气式客机。——译者注）起航前往坎贝尔堡，它是最后一架飞机了。然而，当飞机从跑道末尾起飞后不久，螺旋桨突然停止运转，飞机急速向右转向并冲进了茂密的森林中。就在一瞬间，飞机解体，燃料箱发生爆炸，尸体、飞机残骸遍布了冰雪覆盖的加拿大森林，大火烧了整整一天，之后渐渐地被大风雪掩埋于地下。

然而在坎贝尔堡，这些士兵的家人已经出发到机场迎接自己的亲人回家。飞机失事一小时后，坎贝尔堡的高层领导接到了这个噩耗。在接下来的几个小时里，所有的工作人员一直紧张地工作，从在埃及编制的文件中确认飞机的载客名单。所有家属被召集到一个部队训练馆里，指挥官公布说虽然具体消息还没有得到确认，但是飞机已经坠毁，无一人生还。这次军队损失了 1/3 维和部队，还有一些从其他单位来的支持维和的个人。死者中大约 2/3 的人还没有结婚，因此作为他们的家人，整个美国都应知道。此外，还有 36 个孩子失去了父亲。

甘德灾难对第 101 空降师来说简直就是一个晴天霹雳。101 空降师是由一些军队中最坚韧的危机领导人组成的组织。不像其他的飞机事故——受害人来源于不同的地区，彼此之间并不认识——这些小伙子一起在坎贝尔堡工作了好些年。由于同样的职业、价值观、生活方式以及同样的使命，军队中的所有人之间都有着非常密切的关系。

军队领导人悄悄地发布了一条命令：不管葬礼在什么时间、什么地点举行，每个士兵的每一场葬礼都必须有一个军官参加，以此表示组织对下属的关心和慰问。高级长官的这一举动为接下来的辨认仪式定下了基调。这种任务听起来十分艰巨——也确实是——但这种慰问不仅仅是给危机领导者，对在其他组织中每个同样遭受不幸的人来说，这也是一种安慰方法，这种时刻是不能讲效率的，而且高级领导人是必须出席的。举另一个例子，2001 年 9 月 11 日美国世贸中心大厦倒塌之后，康托·菲茨杰拉德（Cantor Fitzgerald）公司的总裁兼 CEO 霍华德·鲁尼克（Howard Lutnick）在 35 天之内每天参加 20 场葬礼。

五角大楼的伤亡事故办公室负责与军官办公室协调，以确保军官们可以出席甘德事件的葬礼。那时，我是西南部俄克拉荷马州锡尔堡野战炮团团长的副官。我的长官名叫吉恩·科帕尔（Gene Korpal），作为一名重要的军官，他被派去参加一个年轻步兵中士的葬礼，那个士兵的尸体将安葬在他的家乡得州西弗吉尼亚小镇郊外。

长官和太太莉儿（Lil）还有我一起乘飞机离开锡尔堡去往得克萨斯州。乘坐军用飞机对军官家属而言是非常难得的福利，这是部队给甘德坠机事件中遇难家庭的另一特殊待遇。当我们飞越南俄克拉荷马州的雷雨云时，机上的每个人一下子都想起了甘德坠机事件，担心飞机也会出事故。我们平安地降落在一个小型的市级机场，之后上了一辆货车，车上还有我事先安排的参加葬礼的其他人：8 个士兵，还有一个来自 101 师的长官。军事仪仗队没有像平常那样从地方派出，而是由他们来完成。上级组织想要以此亲自安葬自己的士兵。

这个士兵的葬礼在小镇外一个小型白墙的浸信会乡村教堂举行。我想这应该是一个坚强、光荣的家庭，他们的家属和朋友一直挤到教堂外的门厅。得州干燥的风通过大开的门吹进教堂，走动的出席者在祷文与圣经颂歌中渐渐停了下来。军方的护柩者抬着盖着国旗的灵柩从教堂中走了出来，庄严的音乐奏响。他们将灵柩恭恭敬敬地放入灵车，踏着积了灰的白石子路走向了11英里外的家族公墓。

我们大部分人已经对军事葬礼的各个细节非常熟悉了：悲伤的亲属坐成一排，穿着干净整洁的葬服，鸣枪后，喇叭手吹响送别的曲子，然后将折叠的美国国旗轻柔却不失庄重地交给士兵的亲人。在任务中牺牲的士兵和去世的退伍老兵有权利受到军队这样的尊重。牺牲士兵的战友们几乎都无法参加葬礼，因为他们还在海外执行任务。从而这便显得101师军官的出席异常重要，死者的家人及朋友也会更加感激他们的出席。但是说实话，仪仗队在葬礼中的表现实在是太有失水准了。

突然，一个抬棺材的士兵被绊了一下还差点摔倒，这种情况在军事葬礼中是极少见的，一般排练后都不会发生这样的事。而且一般铺在棺材上仔细叠好的旗帜通常是紧贴着的，可是现在中间却有点凸了出来。折叠起来之后的国旗可以看见红白条纹。队伍前的中士没有看见这两种颜色，接着就命令："重叠国旗。"第二次国旗折叠得很好，但是当把折叠好的国旗铺在棺材上，鸣枪为死者送行时，却又发生了空弹夹事件。弹壳从枪膛打出，落到了金属棺材的顶部，发出哐啷的一声。所有的士兵紧张得身体都僵硬了，两英寸的黄铜弹壳从棺材的顶部滚了下来，穿过棺材和埋葬坑之间的缝隙，弹了几下，最后滚到了埋葬坑底部。

我看着坐在家属中间的长官，脸上毫无表情。我想，今天下午101师的仪仗队要倒霉了。我长官的做事风格一直像一个典型的炮兵，他一辈子都在精密计算炮击的方向和高度，因此他对细节从来都是精益求精，决不容忍任何错误。我知道他已经注意到了每项失误，而且在这个爱国的得州小镇里，我们没有机会"再来一次"，这将决定我们军队在他们心中的印象。我心里想着：给他点儿时间吧，他在做剧烈的思想斗争呢。

科帕尔将军接过仪仗队递来的国旗，然后在悲痛的家属面前跪下：“这面国旗代表了整个民族感恩的心，感谢你们的儿子可敬的忠诚的奉献。”家属看上去似乎没注意到，也许也并不关心葬礼过程中出现的失误。我们吃了些点心后回到了教堂，之后就离开了。离开之前，军官让我给参加葬礼的士兵一个纪念硬币，这一举动让我有些不大明白了。但我还在等着长官原子弹的爆发，毕竟这次任务上他们频频失误。莉儿·科帕尔在回家的路上一直在默默地流泪，她是真的为他们感到悲伤。

当我们回到办公室，见到秘书眼神躲闪地看着我说：“101 师的主席打来电话说这次葬礼不怎么令人满意。”仪仗队的领队中尉已经被召回肯塔基州的总部，显然是要去为他的失误承担责任的。当我进入长官的办公室时，他正在解领带，我说有个 101 师的长官打电话来讨论这次葬礼的问题。他看着我说：“不需要和我谈了。告诉他，中尉和他的仪仗队完成得很好，家属很高兴也很感激。101 师只要把他们的战友埋葬好就行了。”

当我转身要离开时，他抬起头来说：“只要士兵尊重士兵，也就没有所谓坏的葬礼。”

☆ 为什么这对领导者至关重要？

我的长官放下身段，一直关注着 101 空降师士兵以及牺牲士兵家属的悲伤。读者同样应该这样做。这一点对军队以外的人来说可能体会不到。比如，对于著名的 CEO 或者公司领导人来说，人们若是关注他们的家人而忽略了他们的身份以及地位，他们更会把这当成是一种损失。但其实这种观点是完全错误的，我们应该顺其自然，放低身份，这样才能显示出他们有多伟大。

领导者亲自参加葬礼，或是以其他方式对此家庭表示慰问的时候，其实也是整个团队缓和悲伤、继续前进的时刻。这是一段关键的时期，虽然团队和悲伤的家庭一起可以相互分担悲伤，但是作为领导者，他必须更加专注团队的需要。有时团队本身也是需要时间去悲伤的。虽然组织内部没有悲伤过渡期，但它对加强组织团结和社会联系，共同渡过难关却是非常有用的。接下来的故事讲述了一个团队是如何这样做，如何在这样的过程中变得更加强大的。

接受死亡是继续前行的必要前提

接受死亡是继续前行的重要一步，而且在危机环境下，办一场正规的葬礼来哀悼也是几乎不可能的。在部队，士兵们经常被派到海外执行任务，这样一来，牺牲的士兵离家乡太远了。于是就出现了没有逝者或者没有家人出席的仪式，以此来寄托他们的哀思。这是一个特殊的方式，而且公众大都不太熟悉。

因此，在很少有死亡发生的组织中，还是采用传统的方式：死者可能被安葬在遥远的家乡，较分散的组织也不会安排一般的集会。在这种情况下，领导者就要采用其他的形式来哀悼死者了。下面的这个例子可能会伤到组织领导者的创新性。他们想用既不举办葬礼，有时甚至不用逝者亲属出席的方式来哀悼死者。大多数组织的领导者试都没试，就都用了这同样的方法。

悼念仪式：美国军方纪念死者又鼓舞团队的方式

我的营有850名士兵，他们来自很多国家。此章开头，我讲过我有5名士兵死于坠桥事件，在这之后，他们的遗体很快被送到首尔的美国陆军医院，接着又被送往美国。每具遗体都由一个他们相识的士兵护送。我的副指挥官将士兵们列队站在大停车场内。其实士兵中早有很多关于事故的谣言，但没人知道伤亡的程度。我对这850名士兵说，你们失去了5个兄弟，4个美国人，还有一个一起执行任务的韩国人。队伍中发出一阵轻微的呻吟声——这种违反纪律的情况很少会发生，但是想到他们正极力压抑着悲伤，我并没有追究。当我宣布死亡者名单时，就听不到一点儿声音了，只有美国国旗和士兵面前的团旗被风吹得微微作响。仪式过后，全营上下情绪都十分阴郁。士兵们很长一段时间都无法接受，为什么牺牲的是他们啊。

事实证明，举行这样一场仪式是非常适合也是十分必要的，其实在我宣布消息之前，军队神甫和我的上级就已经开始策划这场仪式了。在传统的战争中，这种仪式有三部分：安放遗体，哀悼逝者，之后接受死亡。这种危机下的悼念仪式三步骤虽方式不同，但在警察、跳伞员、消防员、登山运动员中都有使用，但钢铁营的这个例子更清楚地展示了这个仪式的三个步骤。

安放遗体

因为士兵们的遗体即刻就被送去了他们的亲属那里，所以我们在安放遗体时只用了他们生前的物品。指挥官监督着搭建起了一个中空的木头台，刷上了与他们兵种相配的颜色——这一次是代表我们野炮营的深红色。木头台的顶部开了5个槽，插上了士兵生前使用的带刺刀的步枪。他们的头盔放在了步枪的扳机上，上面缠着绣有名字的丝带。每个士兵的黑色战靴都被擦得锃光发亮，放在了陈列台的前面。最后，我们将他们的身份牌挂在了步枪的枪筒上或者靴子的靴筒上。这一块身份标签代表着这样的意思：一般情况下士兵的脖子上会挂有两个身份牌，而第二块身份牌已经和遗体一起被运送给了家属。

这个精心制作的展台搭建在一个用作纪念馆的训练馆里，它代表着牺牲了的士兵：尾部放了靴子，头部放了头盔，身份牌还有他们的头盔带和步枪，这些都是士兵们生死不离的伙伴。虽然我们无论是在战场上还是在训练中牺牲，这个展台都会代表我们屹立在那里，但是我们的步枪将会永远埋入地下。

哀悼逝者

在训练馆中，全营集合站成一个方阵，还有大约50个外来人坐在座位席上一起参加了这个仪式。为牺牲的士兵哀悼其实有很多方法。而在这儿，悼词是由牺牲士兵的直属长官（一个上校）还有几个他们生前的伙伴参加的，其中还有他们的军士指挥官。而悼词字字让人悲痛，句句使人感动。他们歌颂了死者的无私和专业精神，之后又说了一些死者生前的逸事和趣闻。有一个故事是说有一个士兵爱慕着一个他在韩国认识的亚洲女孩，最后他惊讶地发现她只是看起来像韩国人而已。实际上，她是个有亚洲血统的加拿大裔女教师，喜欢打猎，但仅仅磕磕绊绊地说一个小时的韩语便会大叫投降。另一个故事讲的是整个小班8个人，打算周末出去玩，却在首尔地铁站迷路了将近20个小时。故事结束后，人们一起在体育馆里唱起了圣歌《奇异恩典》。选这首歌是因为它歌词朗朗上口，没有宗教词汇而且曲调熟悉。

接受死亡

士兵们能接受他们的战友死亡这一点十分重要，只有这样，他们的悲痛才能盖过随之而来的失落感。为了让他们更快地接受这一事实，就有了“最后的点名”这一项。哀悼结束后，所有的人都要起立，然后士兵们的直属长官命令第一中士开始点名——像平常每天例行的点名一样，被点到的士兵，他们必须马上回答“到，长官”。5~7个名字之后，一个牺牲士兵的名字被点到了，没有人回答。第一中士将名字重复了3遍，每一次都寂静一片。之后继续点名，又有几个名字被点到，活着的都回答了，而牺牲的人再也无法应答了。在悲痛中，点完了最后一个牺牲士兵的名字，接着又是寂静，然后士兵们鸣枪为死者送别。鸣枪结束了，我们对死者的悼念活动也就结束了。

参加仪式的人渐渐散去后，剩下的就是个人对逝者的送别了。850名士兵中的大部分人还有外来人都自发地排成一排，一个接一个地经过展台，敬礼，简短地告别，比如“兄弟，再见了”、“伙计，安息吧”，还有其他在葬礼上表达深情厚谊的语言。指挥官们也将代表优秀士兵的指挥官硬币（专门定做的），放了5枚在展台的靴子旁，这些硬币将会和他们的私人物品一起送到死者亲属家中。这些硬币对士兵来说是具有重大的传统意义的。每个队的队徽和陆军的军徽都会刻在上面，别在士兵们制服的肩膀上。而士兵留给死者的礼物中都有很多这样的营队徽章，象征着他们永远是营队的一员。

最后，我敬了一个军礼来表示尊敬和悼念。到了晚上，士兵们在军营外的酒吧里为牺牲的士兵们不断地祝酒。我记得第一次敬酒就只喊了代表我们营的那个词，就是“像钢铁一般坚强”，还有另一个是为了“永远的家”。我们也在每年一度的圣巴巴拉的冬庆活动上怀念我们的战友。晚宴祝酒时还是按惯例“为了我们牺牲的战友”举杯。在这种正式的军事活动中，一般是不会提到牺牲士兵的名字的。虽然部队一直提倡戒酒政策，但还是举办了这些酒会作为最后的悼念，以此表示我们将永远铭记他们。

☆ 为什么这对领导者至关重要?

每个组织都可以用举办悼念活动的方式来纪念死者，最好的仪式应有三个鲜明的特点：要有遗体的陈设，悼念死者生命的逝去，以温和的方式安排悼念者和组织的未来。例如，在"9·11"事件中失去了658个员工后，康托·菲茨杰拉德公司就创建一个网页悼念每个死去的员工并对它定期做维护，网站上有死者的相册，还有亲戚朋友上传的他们生前的故事和悼念的话语，而且这个网站通过增加链接对未来进行了恰当的、建设性的规划，其中有一个链接是援助每个家庭和幸存者的坎托基金，还有到康托公司主页的链接。

无论是甘德灾难还是"9·11"事件，还是同天发生的宾夕法尼亚州事件，悼念活动的规模是不应该被限制的，因为任何组织早晚都会失去这些员工。但是事实证明，随着时间的推移，适当的追思和怀念会大大加强组织的综合实力和优良品质，而这远远超过那些什么都不做或者是悼念活动非常少的组织。若是有学生英年早逝，他们理应以某种形式被人们永远铭记，比如悼念年鉴（遵从下面三个原则：陈设逝者、追思悼念、面向未来），同时也应用一种短时悼念的方式，比如在毕业时进行默哀等。公司同样应该这样做，要明确表明逝者对公司贡献良多，领导者对他们的不幸去世十分悲痛。因为这对于公司内部建立忠诚和加强凝聚力的作用是无价的。

不幸发生时优秀领导力的价值

对组织的危机领导人和下属来说，卓越的领导力是无价的。而对军队的领导人来说，特别是军事指挥官，最重要的莫过于举办悼念仪式来保持队伍的士气。所有指挥官——从两颗星的师级指挥官到中尉的排长级指挥官——都应适时地出席追悼仪式，必须对逝者和其他士兵一视同仁。记住每一个牺牲战士是一个军官庄严的责任，从而以这种方式表示对其他士兵的尊重和重视。在这里，远离了聚光灯，不用刻意管理形象，士兵们希望他们的军官能亲自出席，能体会这份深深的感动。在这里，我们可以流泪，但这不代表软弱。

战士们能清楚地分辨虚伪和诚挚。战士们在战场建立了诚挚的情感，也正因为如此，才使得追念牺牲的士兵是军队领导者最重要的责任之一。

在甘德坠机事件后，首长级纪念活动持续了 4 天，这在不幸情况下的领导者的表现中是一个例外：主要的领导人言语行动的目的是处理团队的损失和悲伤情绪。面对团队因牺牲产生的巨大悲痛，优秀的领导者在悼念过程中会采取有效的行动把团队团结在一起。例如，里根总统偕夫人和师长一起参加了葬礼，里根夫人在肯塔基州坎贝尔堡参加了一个电视转播的追悼大会。师长知道里根总统来“分担我们的悲伤”的价值，所以他就和里根总统一起去安慰了那些失去亲人的家庭。里根总统表示他代表的是全美国人民的关心，和坎贝尔堡一样，“整个国家也都十分悲痛”。

在这种危机下，卓越领导力的一个重要作用就是可以重树领导威望、预见性，以及面对混乱、危机和恐惧的希望。坎贝尔堡的领导者试着引导公众把这次灾难当作学习和成长的机会，使大家相信，通过共同经历这次灾难，士兵和他们的家庭会变得更加坚强，更能胜任其他国防任务。

但在处理公众危机时，却缺乏这种积极的领导品质。尽管优秀的领导者在处理自己团队或组织事务时很优秀，但加上外部和政治等因素，他们也可能会心有余而力不足。举例来说，许多优秀的领导者由于害怕被起诉，而在灾难中不敢自由沟通，但有的领导者即使再害怕，也克服恐惧继续往前。杰克·博文德，就是在“卡特里娜”飓风中将杜兰医院的医生和病人全部疏散的那个美国医院协会的 CEO（在本书的第二章提过），在那次灾难中他上了很多公共采访，10 月份那次他说：“我宁愿输掉官司，也要赢得人们对我和对 HCA（美国医院协会。——译者注）的尊重。”这确实体现了他坚定的价值观。说实话，我还真没听说过通过输掉诉讼来获得领导力的。

在应对 2001 年“9 · 11”事件中，有许多体现卓越领导力的例子。比如，调查者记录下了在五角大楼中随机应变的出色领导者，他们及时合理地安排了尸体和幸存者，挽救了大量的生命，而且相对有序地控制了场面。纽约市市长鲁道夫 · 朱利安尼（Rudolph Giuliani）因为这次事件后的卓越表现，被媒体广泛赞誉。他做宣讲，上电视，还亲自出现在被袭场所，及时使整个城市的注意力转移到了灾后的恢复和重建以及纽约市坚韧不拔上来。

这些领导者使整个组织看到了大家共同的价值观和目标，都同样的损失了财产，失去了亲人。灾难后的悼念活动更使他们觉得同病相怜，同时也把不同的部门团结到了一起，大家众志成城渡过难关。当然，权力分配的明确（不冲突的），领导者把组织的精力集中到重建和恢复工作上，让员工意识到自己依然责任重大，这些对应对不幸的情况也十分重要。

对此，最近有一个著名案例就是，总统派遣鲁斯 · 奥诺（Russ Honore）中尉来处理“卡特里娜”飓风事件。他刚到新奥尔良时，市长雷 · 纳金（Ray Nagin）在 CNN 上把他形容成是“约翰 · 韦恩（John Wayne，美国好莱坞明星，以出演西部片和战争片中的硬汉闻名。——译者注）型”的人物，“总能成功解决问题”。不久，在一次地方电台的采访中，韦恩也说：“天啊，他就是一个列车员，他一凶，人们就开始行动。”奥诺的主要作为包括迅速重整资源，大力调整军队使之更加人性化（比如将武器放得低一些），但他对媒体十分尖刻。他曾经对一个只知道挖信息却不对救援做贡献的记者指责说：“你简直就是愚蠢的代言人。”这句话一时间在广播和电视上流传开来。

这些领导者善于在混乱中或面对混乱时展现出他们的领导力，他们善于传递希望、摆脱绝望，他们能帮助团队凝聚力量应对灾难带来的挑战，同时又能在实践中学习有益的经验。而且在灾难中，他们能以虽仓促却诚挚的悼念仪式使团队在悲伤中更加团结。最具代表性的是甘德飞机坠毁的那个上午，在坎贝尔堡的训练馆举行的仪式。在旅长的领导下，悲痛化为团体的力量。这种力量在未来几周的追悼活动中也都有发生。

坠机后不久，整个坎贝尔堡的社会组织间的关系似乎变得更为平等，组织间的界限不再重要。例如，平时各司其职的组织人员，如心理学家、律师、管理人员以及牧师等，现在一起组成了家庭援助中心，让那些需要帮助的家庭避免了在各个机构穿梭的麻烦。在悲伤和相互支持中，等级没有了任何意义；人们只是简单地相互帮助，不再在乎军级的高低。如果能有所帮助，就是指挥官也会毫不犹豫地使用甚至是放弃自己的权利。这些组织人员也经常延长他们办公的时间，以便能尽快处理好抚恤金问题。

这一课告诉我们对于遭遇灾难的团队，领导人不仅要允许更应鼓励灵活的行政方式或者运用其他的途径来应对灾难。这种灵活的行政方式不是使组织失去控制，恰恰是这种灵活性能使组织基层的人员自由地去做正确的事情。

若是领导者能起到表率和推动作用，这个组织完全可以承受这种打击，迎接这份挑战。例如，在甘德事故之后的几个月，营区就恢复了状态。营队还因精彩的集体训练表演和射击表演，获得了一些奖项，并且在其他营区的比赛中取得了胜利。尽管经常也有许多不好的状况上报，比如失眠、内疚、酗酒等，但这些状况通常只是暂时的，都可以解决，部队和组织也允许这些不良情绪的存在。而其他士兵也同样的强化了社会凝聚力和团队精神。

当团队发生不幸时，你如何进行领导

危机领导人始终与死亡相伴，他们能迅速接受团队中的死亡并与团队共悲伤。这是一个残酷的事实：在危机环境下，只有幸者和适者才能生存。而那些比较幸运或能力强的人只能看着别人死去，在这个过程中，这些领导人学到了生命的价值，就是用自己的生命去挽救活着的人。这样做，不仅仅是对死者的尊重，同时也是对生命的尊重。也正是他们的原则、知识和行动，造就了紧密团结、凝聚力强的生存者队伍。

面对不幸时，人们的需要和反应出奇地一致，人皆有一死，无论是贫穷还是富裕，无论是名声在外还是默默无闻，都一样，都会承受悲伤。你领导的是人，死亡带来的不仅是责任，也是一个领导的机会。责任和机会瞬间即逝，因此领导人必须毫不犹豫地走上前去抓住它们。要时刻保持组织的实践以及领导者的警惕，否则在无意中，机会就已经错过。

我曾和严厉的教官一起做过生理上和心理上的军事训练，之后我这样说："大难不死，必会更强。"我希望这个说法能鼓励人们经受住苦难，领导良好的组织亦应如此。无论组织规模多大，时间多长，都会发生死亡、损失和不幸。领导者如果准备完善，行动正确，不仅能让组织承受住痛苦、悲伤和愤怒，也将使组织的团队凝聚力和坚韧性得到新的突破。为了忠于你的下属，时刻准备吧，那么，属于你的时代必将来临。

总结

1. 在灾难之中和之后，注意力都要集中于外部世界，领导生存下来的人。这是我在我的5个士兵意外丧生后学到的一课，而且这对所有生死环境下的领导者都是相当有价值的。在处理危险或灾难时，请不要沉浸于自己的情绪。领导部下就是要尊重死者并且帮助团队克服悲伤，而不是过分关注作为领导者的你的感受。

2. 在灾难发生过程中，要保证你了解到事情的一切情况。很多人认为他们的领导人不愿被雇员或雇员家庭的疾病、伤痛和死亡情况所烦扰，实际上，优秀的领导者都会关注部下的生活，特别是当他们面对生死或痛苦的时候。要记住你领导的是人，当人们真的需要你时，你应该在那里领导人们走出困境。

3. 在你的团队中制订面对死亡的原则。即使不在危险的环境下，死亡也都会发生，可能是因为自然原因、疾病、事故甚至是犯罪活动。你的团队成员需要承受他们同事的死亡，这样他们才能哀悼他，然后继续生活、工作。军队已经确立了适应其工作性质的处理死亡的方式，所有的组织也都可以发展各自适合的处理灾难的方法。

4. 不要等灾难来袭时才思考以何种方式通知部下。对已故同事进行适当的悼念，可以加快组织的恢复速度，增强团队的优秀品质。让下属明确地感受到，他们是十分重要的，上级确实为他们的去世感到遗憾。在任何组织中，这样的领导人态度对确立忠诚和凝聚力都是非常宝贵的。

建立培养领导者的团队

危机环境能培养出应对环境所需的领导力品质。危机环境的需要其实是培养出了**诚信和坦诚**这样的优良个性，这种环境需要精神、生理和情感上做好充分的准备，需要及时根据环境的危险因素做出调整，需要所有有助于领导人发展的各种条件。基本上在很多需要领导力的环境中，甚至是徘徊在死亡线上的不幸环境里，在危机下锻炼过的行为能帮助领导者确定哪些是富有建设性的行为。专业领导者只要经历过危机环境或是工作，他们就会继续在其他环境下运用这一领导力来鼓舞和激励别人。

本章是**对美国西点军校跳伞队的案例研究**，表明**危机环境中如何领导团队才能培养出优秀的领导者**。本章将用培养领导者的具体环境进行具体说明——**真切地关注“做什么”和“怎么做”**。如何为这个任务选择队友、教练和指导员？危机环境对团队和领导者有什么样的影响？危机环境真的能培养出领导者？这样的领导者能否在其他环境下有良好的表现？

对此，学校跳伞队就是一个好的例子。如果你正在危机环境下培养领导者，比如警察局、消防队、军队训练以及探险学校，你可以将此研究直接应用到训练中去。更为重要的可能是，危机团队使用的一些方法也适用于其他团队：跨部门工作小组、青年组织、指导人委员会等。在宽阔的人生道路上，危机领导力及其培养在危险中造就了很多英雄和社会领导者。而且这个观点，经过多次锤炼，也运用到了产生国家精英的部门，使更多的领导者为我们的企业、社会以及政府服务。

团队对培养未来领导者具有特殊的价值

在团队中或是团队本身都不一定能培养领导者或者积极的品质。有些社团是因为错误的原因而建，比如犯罪团伙。有的社团可能是为了正确的理由而建，但是在建设过程中却渗入了错误的价值观。例如，为追求个人利益而利用市场技术操纵全明星队打假球。

如果领导力是最终目标，那么**最好以培养领导力为目标建立团队**，不管你的团队是生产小零件、参加曲棍球比赛，还是打击犯罪，最好都要坚持这个目标。因为所有的小组、队伍、企业甚至社会都需要在危急关头挺身而出的人。

所有的团队活动，比如青年和成人的体育活动，都拥有培养领导者的潜力。但是如果你主动增强危险性，使团队具有了培养领导力的作用，那么这将不再是一个团队，而是超级团队，它能在完成核心目标或任务的同时培养领导者。这就是培养领导者最好的方法。

美国西点军校的新生，在第一年的 3 月份部分会被选入跳伞队。之后，他们 47 个月的学校生活中有 40 个月要在跳伞队中度过。这 40 个月里的培养是至关重要的，每天危险的跳伞训练必然会使他们的能力得到加强。

那么当作是培养新生的第一份测试，看一看下列跳伞队队员们的领导成就吧。

- 第一批成为上尉的6个学员中有4个曾是跳伞队的成员，他们在四年级时被任命领导整个学生军团。
- 在2006—2007年，美国学生军团的大部分高级官职都被跳伞队的领导者占据。
- 自1999年，跳伞队开始每年只吸收10～12个新生入团。至此，这个队伍已经诞生了两个罗兹奖学金获得者，几乎每年也都有杜鲁门奖学金和马歇尔奖学金获得者。2006年，一个叫查利·伊迪（Charlie Eadie）的队员同时获得了这两个奖学金。
- 陆军上校杰夫·威廉姆斯（Jeff Williams），1978年毕业于西点军校，在校时他曾领导跳伞队。当我写这本书时，他正在国际空间站工作。
- 每年10个毫无跳伞经验的学员，都会成为国家跳伞运动员或是世界级的领导者。

这种现象不是传奇——他们在毕业团队中的杰出领导力已是最有力的证明，再通过数据统计来验证似乎很是多余——接下来，我会讲述他们是如何对这些人进行选拔和培养的。

在团队中学习领导力：不是公平竞争，而是吸取危机经验

在危机下没有重新来过之说，裁判是不会给予你第二次机会的，但是与现实相反，重来这一说法却由于巧合，或者你更愿意称之为命运，而流传下来。

由于道德良知以及后果的无法挽回，危机环境里的团队就成为优秀领导者诞生的源泉。在前几章中有个观点就是，危机环境会培养团队领导者以下特点。

- 内在冲动。团队领导者和下属很少关注自己内心的想法，因为外部的环境十分危险，需要他们全身心地投入。而正因为如此，才能培养出优秀的领导者，因为他们想成为克服环境的领导者，而不是拉拉队队长或者销售型领导者，从而，他们学习的是沉稳、自信的领导方法。
- 学习的方向。那些能在危机环境中生存的团队成员很快能学会关注外部环境，很少会分散注意力关注自己的情绪。团队的建立是为了抵御共同的危险：外部的危险。
- 分担风险。团队成员应该彼此照顾。尽管在十分危险的活动中，适当地关注自己和自私一些也是必要的，但在高风险环境中，那些不愿意分担同伴风险的利己主义者和以自我为中心的人会马上被大家抛弃。高风险的团队知道不能丢下任何人，彼此照顾是每个成员的责任——这是意义重大的一课。
- 同样的生活方式。在危机环境中，队友们以生存为目标，共同生活，共用设备和工具，共同面对每个成员平等的机遇。

西点军校的跳伞队是使危险元素成为领导者培养的积极因素的典型事例。此类队伍的构建、发展和表现展示出了很多成功者的培养方法。本章主要回顾一下这个团队的发展历史和危机特征，探究其领导者的培养成果以及分析其选拔新学员的具体细节，然后将焦点集中到领导培养者的身上：他们的教练、团队领导，以及那些不断提升队伍竞争力的人。

危机领导力的实验室

西点军校的跳伞队是一个军校学员社团，成立于 1958 年娱乐性跳伞的早期。它的创始人是海马·盖布·加布里埃尔（Henmar Gabe Gabriel)，1961 年毕业于西点军校。他是一个取得军事学院的资格证书的入伍士兵，在经过两年的学员生活后，于 1958 年夏天去了布拉格堡，目的是学习自由落体跳伞并将这门技术带回到西点军校。而其他伞兵在离开部队之后，他们拥有的这个优势足以使他们进入其他大学，并且以前的士兵已经在常青藤学校开设了跳伞俱乐部。

在高校开展跳伞运动有助于学生的发展，这种观点是比较新颖的。而实际上，新颖的是将个人的发展作为学院战略发展模式的这个概念。在 2002 年，学院正式采用了名为“学员领导人培养系统”的方式培养领导者，这个命名不仅消除了包装学院形象的嫌疑，同时也表明录取的学员（包括第一个夏天的“野兽军团”——这样命名是因为新兵生活被老兵整得十分可怕）有资格被发展成为杰出的中尉。这样训练的目的是为军队培养受过良好教育的成人。他们将拥有特殊的身份：职业军官和领导者。这些人愿意为自己的行为和为下属的行为承担责任。最好的运动团队不仅要赢得比赛，同时也要帮助队员感知个人重要性，从而加强学院领导者培养方法的效果。

跳伞队的队员要对自己和他人的行为负责，他们自己也深知这一点，但这并不是对于所有的团队都是正确的。由于担心学院社团体育运动的安全和纪律问题，上级更加关注军官志愿者，而不是学员。因为不管成功与失败，军官都要对团队的一切事务负责。从字面理解，这是一种管理上的而不是培养中产生的思维定式，它会对学员的发展产生很大的影响。其风险就是，这样的政策不会发展学员的领导力，反而会削弱对军官培养团队的领导和管理。虽然跳伞的特殊迫使学员自己对自己负责，但是作为跳伞队的培养者，他们必须对学员的生命安全做出保证。

例如，新学员必须自己打包自己的降落伞，因为联邦航空法规要求主降落伞必须要由有资格认证的降落伞装配师来打包（这在跳伞运动中是不可能的），或者由“下一个要用这个降落伞跳伞的人”来打包。其结果就是，跳伞者必须为他们自己的救生设备负责。但教官依然冒着受到个人和专业批评的风险，对学员的行为负责，即使是学员可以独立行动了，若是行动失败，教官也会受到批评。在危机情况下，如若遭遇失败，只有通过增加检测次数、改进设备的设计、加强处理突发事件的训练来防止灾难再次发生，不会有重来的机会。

跳伞运动前的安全惯例要求个人（往往是跳伞掌控者）保证，在登机之前穿的跳伞设备必须经过检查，而且要求学员之间相互进行检查，教官们只是教导学员如何检查，不会插手。因此在跳伞队里，学员们自己承担防止同学和朋友死亡的责任。这就是危机队伍培养的奇特之处。

如果是教练或者他人承担学员的安全责任，那么此训练就会对领导者培养不会起太大作用，并且训练的安全度也不会太高。相反，教练和领导人培养者的任务是保证学员知道正确的操作程序并对学员逐个检查以达到必要的标准，但是学员还是要自己为自己负责，努力达到标准。这样的话，他们才会更好地理解并承担军队领导者的责任，特别是在作战部队。

但是这种训练并非完美无缺，正如下面这个例子。

死里逃生的经历对领导力有怎样的价值

2004 年，一个跳伞长（负责在飞机上监督自己和其他 8 个跳伞者）在登机之前完成了对学员设备的检查，但却遗漏了自己的。当其他跳伞者跳机后，这名学员熟练地从直升机上跳下，准备执行计划好的一系列翻转动作。在他自由落体过程中做第一个翻转时，他感觉到有什么东西一直拍打着左边身体。这是他降落伞的束胸皮带，他没有将皮带系在扣环上，所以皮带一直拍着自己。当发现在胸前没有扣带时，他感到肾上腺素一下子大量释放。没有束胸皮带的固定，开伞时的冲力会将背包从肩上拉到臀部，然后会以120英里的时速把他从伞包里弹出去，可他还处在离地半英里高的高空呢，也无能为力，只能挣扎着听天由命了。

但当他注意到皮带一直拍过来，他知道他有机会救自己了：他抓住皮带的末端，绕在自己身上，粗略地将它环绕在伞包的一边，紧紧抓住皮带的另一端，最后打开了降落伞。一拉开降落伞，伞包将重量全压在了皮带上，但他始终抓着绳子。伞一完全打开，他立刻重新将胸前的皮带扣进了扣环里，他瞪着眼，嘴巴大张，喘着粗气，全身都被汗水浸透了。关于价值和责任的体会，1000张幻灯片组成的100个报告也比不上一次死里逃生的经历达到的效果好。

☆ 为什么这对领导者至关重要？

可能是因为我们的生活还没有发生过什么常规危险，因此我们偶尔做一些错的和不道德的事，也从没有对此承担什么责任。老实说，你有没有过酒后驾驶？在差点就受到惩罚时，你想过多少次“我被抓或者发生交通事故的概率是多少”？然而在危机下，几乎人人都会为他们犯的第一次错误付出代价。就是这种危险使领导人养成自律、负责的习惯，而不会冲动鲁莽，盲目地掩盖自己的过失。不冒险的人由于被错误的引导，认为幸运总是站在自己这边的，自己不会倒霉地承担责任，也只有这样的人会认为用故意冒险的方式培养自律和责任感，是很可笑的行为。

西点军校如何选择学员领导人

对跳伞队学员的培养成果表示怀疑的人也立刻会质疑，是不是跳伞学员本身的某些优势使得他们不断被任命为领导者。跳伞学员完全没有管理上的优势来帮助自己被选为学生军团的领导者，这一点相当重要。

而本章这一部分将记述这个过程。因为西点军校领导者选拔系统的某些经验，可能也适用于其他正在挑选领导者的组织。

西点军校对新兵团领导者的选择是公正的，经过深思熟虑的，都会考虑到老军官和同级队员的评价、在学院的个人表现，以及最近一次行动的第一手观察资料。

每一届1000多个新学员，只有10个能被选进跳伞队。假如其他因素不变，跳伞队的成员将加入到48个候选领导者的队伍，他们是由学院重要领导人组成的遴选委员会，两年一届选拔出来的。第一队长是48个人中最优秀的学员。从概率上说，一个跳伞者成为第一队长的概率只有1/96。而以前的6个第一队长中，4个是由跳伞队培养的。2006—2007年度的5个候选的学员领导者中，3个同样也来自这个队伍，这在很大程度上违背了概率论。要么是团队在队员选择过程中是十分具有预见性的，要么就是在团队中进行了领导者培养训练（或两者皆有）。

对于他们在选择和培养领导者上的成功，人们普遍都有这个疑问：那些优秀的领导人难道就只是从最好的新人中挑选出来的吗？或者跳伞队是否有特殊的训练和培养方法，特别是危机环境训练，来创造领导者？换句话说，领导人是天生的还是后天培养的？问题的答案正如美国西点军校招生部门回答的为什么服务部门能够为军队源源不断地输送高质量领导人：**首先选择具有领导潜力的人，然后将他们培养成愿意并且有能力领导士兵面对危机的杰出的领导者。**

对潜在学员领导者的访谈

学员领导人的选举工作是由西点军校监督人员组成的正式的军官管理委员会负责，会议在每年的2月份召开。这个委员会，因其由重要领导人组成而出名。其中有一个上校，他的工作是负责新兵团（实质上等于一个普通学校里负责学生生活的副院长），他的职位叫作战术旅长（BTO）。整个军团被分为 4 个 1000 人左右的小军团，负责每个小军团的军官在委员会中也有一席之地。委员会中还有新兵团的第一队长和两个军士长——西点军校的高级军官。在重要领导人委员会之前，每个小军团都会召开类似的军官与学员共同参加的委员会，将学员领导者候选者人数压缩到每个军团 12 人。因此，重要领导人委员会要从 48 个学员中选出第一队长、4 个小兵团的指挥官以及其他重要领导者。

在委员会召开之前，每个小组成员会向委员会主席提交一个准备好的问题。主持会议的中尉会审查这些问题以保证不会有重复，然后让助手在学员的表现记录之前准备好一份活页夹，条目有：学术技能课分数；身体健康分数；军事能力评估，这需要许多战友、领导及其下属对他们的表现进行评估；还有一张每个候选人要填的关于领导领域和志愿的调查问卷。每个学员都要接受重要领导人委员会的面试，而且委员会成员都会用同样的问题对候选人进行提问。

实战训练：对领导者学员的检验

在每个学员面试完之后，每个专家小组成员都会把候选人的评分表提交给委员会主席。根据这些分数，暑假期间的训练活动的重要领导人就决定下来了。暑期活动将会使学院充分了解到学员领导能力的第一手信息，同时活动也会在动态的训练环境中对学员进行其他有关领导力的训练和培养。

在暑期活动中，每个学员会以不同的领导角色进行训练，上级军官对其表现进行观察。之后，基于每个学员的暑期表现，7 月份举行的第二次重要领导人委员会决定这一年的最终学员指挥链。这次主要领导人委员会没有第一队长，因为他在暑期之前就已经毕业了，并在军队中担任中尉。因此，军官委员会基于学员的表现记录、面试结果以及在暑期培训期间表现出来的领导力来选出最终的学员指挥链。这种“委员会-实际表现-委员会（委员会面试，实际表现评估，再面试）”的模式会准确、客观地决定谁来领导新生团。

学员领导人团队的组成不仅注重表现，也注重多样性。委员会想要建立的学员指挥链，能反映新兵团的性别和种族信仰，能代表新学员中的 NCAA 的运动员、第一次参加预备学校的新学员，以及 4 个小军团之间的平衡。然后这些结果会呈递西点军校的一星上将或者三星上将，等待他们的批准。

对跳伞队成员来说，理想结果就是经过选拔之后，能作为领导者就职于军队，而且他们有极大的概率被选为领导者。毫无疑问，他们中的某些能脱颖而出是因为他们有两把刷子——他们本身就是从新兵中选出来的优秀青年。而接下来所说的这个过程，它可以作为其他组织挑选人才的一个模板。

怎样组建一个精英团队

在任何组织中，**选择有能力的精英团队队员是走向成功的第一步。**选择人才的一个重要原则是不要选用你能找到的最优秀个人来组建团队。假如你组建团队首先看重的是个人能力，那么你会容易忽略或者低估能使普通团队变为超级团队的重要因素：**凝聚力、团队的稳定、乐观的团队精神以及多样性。**那些有极好的团队合作潜力的人才是组成精英团队的核心，其他的便是优秀的领导力和努力工作。

寻找拥有无限潜力的人并不难，只要在有能力的广泛人群中寻找最优秀的人即可。比如，西点军校的跳伞队是唯一一个在经过一学期的学习之后，没有在晚冬挑选优秀学员，反而被取消了跳伞测试的团队。这个延期意味着他们已经完成了学院 3 个培养计划的表现记录：学术、体能和军事。如果他们在秋天进行选拔，那么大部分学员的素质就只能参考他们的高分成绩单了。

冬季训练评估能得出跳伞队队员的能力评分，包括他们的体能分数、在体育课上的协调能力，以及他们在军事培养课中的训练能力。那些对危险的高难度运动有较高天赋的队员一般都能在这 3 项中取得较高成绩，因为最后需要较高的身体协调性和个人能力。而且在危机环境中，精英团队的高水平表现需要精确的判断力和快速分析情况的能力。

跳伞队成员选拔是以信息交流会为开始的，会议由 100 多个学员参加，他们都对这 10 ~ 12 个名额感兴趣。这是个十分重要的集会，每个学员都已经参加过一些校内的或是 NCAA 的团队，即使在学院的第一个学期学员们已经进行了某些巡礼，他们仍愿意停止现在的训练去与黑骑士们一起跳伞。

☆ 为什么这对领导者至关重要?

这一课教育所有的领导培养者，只有通过危机环境考验的队员，才能建立真正的精英团队。同时，精英团队应该经常选择各方面能力都较好的人：适应能力强、思维敏捷、有冲劲的人。过度注重某一单方面可能找到任务执行者，但却不一定是领导者。

申请过程

在信息会议之后，学员将准备好的申请文件递交给团队。文件包括候选人的正式的学术和身体信息，里面包括候选人各门学科的成绩、到目前为止的身体状况，以及他们的兴趣和目前进行的活动等。其中也包括 3 封来自同事、上级领导和其他赞助者的推荐信，但是，现在的团队成员和教练不能写推荐信。这样做是为了尽量避免“本事不如关系”这类情况，这样能使得评估者对候选者的能力和优点做出客观的评价。

最后，文件还包括一段关于候选人为什么选择跳伞或跳伞队的陈述。

☆ 为什么这对领导者至关重要?

贵组织或企业选择应征者是因为他们的关系还是因为他们的能力？在跳伞队中，这项运动的挑战性和危险性要求能力才是关注的重点，但在很多其他组织或企业中，这个重点就需要领导者灵活掌握了。你们是否要求申请者详细解释为什么他们想加入你们的团队？如果没有的话，尝试一下吧，也许这样一个要求将帮助你们了解到哪些申请者仅仅是想要一份工作，哪些申请者是想要一份你们团队中的工作。

评估潜在的团队成员

当学员提交了申请材料，每名候选者就会被指定给一名跳伞队队员，而这名跳伞队队员会指导学员完成申请过程中的行政方面的审查，尽可能地发现候选者资料上没有显示的信息，还会询问同事和熟人关于这名候选学员的情况。跳伞队队员们会仔细地观察学员，看他或她的为人处世，特别是对后勤人员和下级战友的态度。他们花很多时间与候选者相处以详细了解他们对情况的判断力以及他们自我表达的能力。最重要的是，跳伞队队员要评估学员是否能与现有的队员和谐相处与是否适应团队的文化。

虽然对适合能力的评估非常主观，但它却是建立一个强凝聚力团队非常重要的一部分。问题比比皆是：

“这个人明白作为跳伞队成员的责任吗？每周 5 个下午要跳伞，周六、日每天 8 个小时，圣诞节期间还会被派到学校总部？”

“这个人有耐心吗？会不会笨手笨脚的？是否粗心大意？”

“这个人话（尤其是说的关于他或她自己的事情）多吗？很能说脏

话吗？动不动就祈祷吗？很多抱怨吗？酗酒吗？或是有其他行为会太过吗？”

“这个人会不会巴结上司或是利用下属呢？”

“这个人我能不能将身家性命都信任地托付给他？”

虽然这些都是极度个人的问题，但团队正是由个人组成的。

☆ 为什么这对领导者至关重要？

将这些问题放在你现在团队的成员身上，问问你自己，他们通过这项测试了吗？如果没有，为什么没通过？面对危机环境的高要求，跳伞队队员看着未来的战友会忍不住问：“我是否能把命交给这个人？”在更普通的环境下，这会是一个很有用的标准，来检测你要接受的队员会不会让你失望。

评估见习者的身体条件和准备状况

在对候选者几星期的了解之后，团队会进行一次标准的陆军体能测试：两分钟的俯卧撑、两分钟的仰卧起坐，以及两英里跑步。测试的目的不是测试候选者的身体健康状况是否适合跳伞。跳伞运动并不是想象中那样会要求很高的身体素质，它更像是跳水，在力量上不比体操，体力上不比足球。相反，这项测试是为了帮助团队测试候选者意愿度（因为是客观测试，因此会提前几个月宣布）。同时也可以用来检测在跳伞占据他们大部分时间后，学员们还是否继续保持他们的身体素质。最后，这项测试还能让团队挑选出那些在跳伞出意外，如遭遇气流、着陆困难，或其他人身伤害危险时，最不容易受伤的学员。

☆ 为什么这对领导者至关重要？

虽然大多数组织对申请者的体能的测试条件有限，但这一课就是，对组织中选出的领导者来说，其实是对所有的领导者来说，决心、纪律和精力都是他们的关键特征。除了用俯卧撑来测定其是否具有这些品质外，还有其他方法，残障人士也可以具有这些品质。关键是所有组织的领导者评估应该把这些素质考虑在内，形成一系列的评估来使这种计算方法合理化。毕竟人总是想要雇用用心的人。

限制候选人的领域

当申请文件、适应能力分数、各种推荐信和信息审查完毕后，跳伞队的 6 个队员和每一届的代表会开一次团队委员会。他们对资料进行审查并选择大约 30 名学员面试以组成新人团队。可以参加面试的人是适应跳伞队生活的学员中条件最好的，并且为周全考虑，女性和少数族群申请者也必须包含在内。虽然某些事中确实存在着男女差别，但是学院跳伞队（像公司和很多其他组织一样）是男女兼有的。一个团队目标就是在最后的名额中一定要包括女性和少数族群学员，这在团队文化建设中是一个重要因素。

承认团队多样性的价值，理解为什么队员选择中一定要包括女性和少数族群，这些都很重要。在白人男性占大多数的学院中团队处处可见，若是团队中有女性和少数族群代表，这可能就会成为他们政治上的优势，这也是事实。然而据我所知，至今没有学院领导者或官员坚持或是建议团队要有多样性。

在一个以发展为导向的团队中，多样性无关政治上的正确性。团队对女性和少数族群如此感兴趣，是因为这样的多样性可以平衡团队文化，增加创造性并且拓宽活动范围。跳伞和其他危机活动倾向于由男性做主导，有虚张声势和大男子气概的传统。男性能从容应对这种强度，而且在团队成员交往时，轻易就能通过吹牛摆脱不公平的竞争环境，置身于竞争的活动之外。人们经常会读到这样的新闻：性别单一的运动团队因涉及性、酒精和毒品丑闻或其他形式的犯罪活动而解散。相比较而言，具有多样性的团队对于这样的自我彻底毁灭更有抵抗力。一个小的精英团队承受不起因酒精、打架、结党或其他破坏团队活力的行为而失去任何成员。

☆ 为什么这对领导者至关重要？

对于组织领导者有个几乎四海之内皆准的经验，就是多样性为团队的一切都增添了一些良好素养和相互尊重。具有多样性的团队才是稳定的团队。

面试过程

每名参加面试的学员都要穿着指定的军事制服向团队委员会作报告，委员会仔细查看学员的穿着是否有错误或不整洁。委员会成员们把跳伞视作一项运动，在这项运动中细节有时会决定一个人的生死，而且他们有责任为团队付出时间和努力，他们就把自己的团队看作是这份责任的结晶。因此面试中只要学员准备不足，就都被看作是缺乏责任感的表现。所以，对学员来说，团队选拔赛本身就是一个培养过程。对于所有的领导者，工作面试同样如此：注意外表的细节也是一种交流方式。

为了测试学员准备的水平以及他或她在压力下的表现，每名候选者会拿到一套被裁成 4 小块的自由落体跳伞用具并要求完整地拼接起来（之前已给过一张 16 小块的跳伞用具作为面试前的准备）。此项任务综合考查了记忆力和空间感，这是对跳伞者的重要素质要求，因为他们要在自由落体的巨大时间压力下执行复杂的 4 ~ 8 人编队任务。

每一名学员还需要讲个笑话，也会经常角色扮演应对一种危机，例如，“假设委员会是一个你刚遇到的女孩（或男孩），你想和她（他）约会，你扮演的角色要体现出如何打动她（他）”。

选择团队成员

在面试之后，根据简单评分表上的分数，将所有资料进行等级分类，然后按照优劣摆放好。教练将决定选中学员的编号，而团队成员自己决定将谁纳入团队。其实这个过程并不是完全按照优劣来进行的，所做的决定要以适合团队作为自始至终的主导条件。企业或其他事业中的所有团队，其成员必须是一个集体，以实现团队领导培养实验室（一个团队成员能自在相处、相互学习的实体）的功能。

谁来公布学员是被选中或淘汰，对团队来说也很重要。每一个落选的学员都有一个与团队成员私人会见的机会，队员会向其解释竞争是如何的激烈，并感谢他或她对跳伞队的关注。这样做的目的是让学员知道，跳伞队是小型学员队伍的杰出代表，不是一群傲慢的精英。极端的环境要求领导者要对部下有种谦逊的尊重，而在跳伞队中，这种尊重也给了那些落选的学员。

☆ 为什么这对领导者至关重要?

你的团队是如何对待那些落选的申请者的？这个问题的答案将反映出你的团队对人这个因素的看重程度。

精英团队的领导培养者

决定超级团队的成员是必需的过程但不是全部。不管你的高效团队是一个负责特殊军事和治安工作的作业团队，还是一个极限运动团队，抑或是即将在顶尖公司或工程项目中工作的团队，你都需要教练和领导培养者来保证团队作为一个实体进行培养和学习并最终产生领导者。有些教练和培养者能使团队不仅仅成为一个竞技和消遣的队伍，而且能成为培养领导者的一个引擎，那么就让我们来看看他们的主要特征吧。

你会发现，在一个优秀的团队中总有一个或多个杰出的领导。两种最常被注意到的领导者是表现教练和队长，然而，最重要的还是领导培养者。**最好的团队总会有最好的领导培养者**。有时他们是团队中的运动心理学家或技术顾问；有时他们是运动员的“灰胡子”——原来的团队成员，他们不对团队负主要责任，但会给教练和团队成员提供协助和建议；有时他们是队员的父母，支持着团队，是团队文化的重要部分。不管是教练、队长还是无所事事的人，重点是必须有人在高效团队的竞争活动中注重队员培养。

迈克·克孜里泽乌斯基（Mike Kzryzewski）教练，是杜克大学篮球队的现任教练，同时也是美国奥运会男篮的教练，他的前任教练和导师博比·奈特（Bobby Knight）是建立和注重培养高效团队的大师。他们的队伍不断赢得篮球赛并且在4年的大学运动比赛中不负众望地保持着极高的获胜率。他们没有目光短浅，只关注篮球本身，而是也要求球员在学习上也是成功者，并且在球场外也要遵守团队原则。这两个教练也曾在西点军校里教过篮球，他们的教学风格也是传统教学中的一部分，就是打破团队界限平衡队员能力，当然这对跳伞队同样适用。

这一点现在得到了广泛应用：团队中的个人，无论是教练、队长还是其他人，都要注意个人的发展。极限运动让他们必须了解这一点，因为伤病和死亡事故都与个人的水平有关。但即使是篮球和足球这样的普通运动，重点培养也会有高回报，有人甚至将重点培养变成了团队的习惯和管理风格，对此你可以想想你个人熟悉的最优秀的团队。在很多情况下，有人不只关注团队表现。这些人就是团队培养者。

表现教练

表现教练关注发展团队技巧和胜利精神。当团队参加运动，完成任务和培养能力时，他们最关注。绩效斐然和常胜不断是选择表现教练的关键因素。让我们来看一个例子。

模范表现教练：有天赋，有经验，好表现

埃里克·海因斯海默（Eric Heinsheimer），是2004—2007年西点军校跳伞队的总教练，他曾在军队招募指挥部的黄金骑士队作为竞技跳伞员服役了9年，跳伞次数累计超过一万次。他是一个胜利者，而现在他的责任是将他的技巧和能力传授给没那么有天赋又缺少经验的人。借着在跳伞圈中的广泛关系，他请来很多教练帮助自己，又使团队接触到了最好的设备制造商和经销商。竞技团队中，一个成功、认真的表现教练是无可替代的。

埃里克·海因斯海默和其他监管队伍的教练一样，都是陆军中士，他们一直在队伍训练中努力将队员培养成卓越的军官。

☆ 为什么这对领导者至关重要？

领导者是在团队中培养出来的，在其他团队、集体和组织中也同样如此。表现教练必须把团队表现与培养结合起来。你女儿的足球队或是你儿子的青年营有没有这么做？工作在控制塔中的空中交通指挥者们或在销售团队有没有这么做？如果没有，那么一个重要的领导培养机会就这样错过了。

队长

队长负责关注团队中的队员关系并指导日常的团队活动。他们帮助教练控制全队的表现，并在队员间建立相互的动态关系以保证团队把重点放在团队表现和责任上。大多数队长是由选举产生，并获得一些相对

应的权威和权利。队长一般情况下是（但不总是）队伍中最优秀的运动员。这种大众授权与能力认可的结合赋予了他们能让团队更优秀的领导力，这正像西点军校跳伞队的一个队长说的那样。

模范队长：有技术，受欢迎，机敏并且成熟

西点军校降落伞队的队长是凯瑟琳·希莱加斯（Kathryn Hillegass），队员们都叫她凯蒂（Katie）。她很称职也很受欢迎，阿拉伯语和法语双学位很难拿到，但她的平均成绩却在3.9以上。她细心并且成熟。与这个21岁的人谈起话来，就像在与一个30岁或35岁的女性交谈。她的正直和公正都无可挑剔。希莱加斯在部队的体能测试分数超过了330，这在军人中算是最高的了。她能拿到最高分是因为西点军校对具有超强能力的学员增加了测试项目。

希莱加斯在一个4人编制的跳伞中可以与其他3名男队友竞争。这一组是集体跳伞，即4名队员先用一条腿与一只胳膊紧扶住舱门然后再一起跳下，进入外面每单位高达650磅的气流中。希莱加斯可以与男队员一起悬垂在14000英尺的高空以每小时120英里的速度降落，队员们都很尊重她，她的正直和公正也加入到了团队文化的建设和氛围中。希莱加斯作为一名队长，正是最佳队长的代表。

☆ 为什么这对领导者至关重要?

作为最佳队长的典范，凯瑟琳·希莱加斯对西点军校跳伞队的发展起着举足轻重的作用。如果是教练这样的队外之人只是在那儿说教什么团队标准，通常会被置若罔闻，更糟的是成员甚至会产生反叛或抵抗心理。但是，如果队员由他们的榜样指引着而没有说教，所教授的东西可能就更可信并且更容易被接受。不仅跳伞队的极端特点要求要有可靠的领导，其他的组

织和团队也能从榜样领导中获益。因此，找到这些榜样，把他们留在团队中，他们就能在团队中培养出更多像他们一样的领导者。

领导培养者

表现教练和队员选出的队长之间一定要互补。表现教练用的是拉力，完全用能力和经验来领导团队表现得越来越好。而队长用的是推力，即与队员一起工作来保持队伍的团结和凝聚力，从而表现卓越。然而，要使一个团队的领导潜力得到最大的发挥，仅仅靠教练和队长是远远不够的。若有像埃里克·海因斯海默和凯瑟琳·希莱加斯一样优秀的人在一个团队中做教练和队长，他们的任务不能只是注重队员个人的培养，而是要负责培养出一个面对挑战能安全取得胜利的队伍。因此，团队需要的是一个合适的领导培养者。他们应该有丰富的领导经验，能被当作典范来学习，拥有领导者的态度和行为，并能真正指导团队成为一个优秀的队伍。

领导培养者能用个人领导力培养的方法去培养每一名团队成员的领导力，就是这种能力使这个团队成为领导培育实验室——一个培养领导者的引擎。他们需要全身心地投入，需要把他们的时间和人身安全都奉献给这个特殊的角色。我们大家都知道青年组织中的父母就是承担着这种角色，他们爱其所爱，用真心和诚意予以帮助，教会团队成员们如何相处。其实这个角色可以被正式化，而且也已经在学院的运动团队中实现了。不管正式与否，对于想培养出优秀队员的人来说，都能从 USMA 的跳伞队的培养方式中获益良多。

军官代表

USMA 的全体职员和教员，都自愿在 NCAA 运动和其他学院里非正式的俱乐部中担任这项特殊的职位。通常他们都被称作军官代表（ORs），他们在团队中起着培养领导的作用，在运动教练职位之上。在跳伞队中，军官代表是分配到西点军校的军官（COs）或士官（NCOs），他们志愿成为跳伞队的一员和士兵的学习榜样，这是他们额外的责任。虽然他们是自愿的，但是军事条例授权的。作为领导培养者和榜样，他们不用承担训练管理中的任务（教练负责这些），而是协助团队的训练和管理，在拉练时指挥、领导、陪伴队伍，以及培训队员的团队管理能力。这些都是军官代表用来融入队伍，实现领导培养作用的方法。

要开发领导力，参与就显得尤为重要。它能使军官代表融入团队，得到信任，并且获得在地上和空中观察学员的能力。所以，有跳伞经验的军官代表可以为团队提供跳伞方面的帮助，比如说帮忙检查装备、准备着陆区域、空对空和地对空的摄像以及相关的技能培训等。

跳伞队是学院中最耗时且体能要求最高的：队伍每周训练 6 天，在几个主要的节日（包括圣诞节和新年）也有安排。同样的，它对那些愿意并且能够服务队伍的人也是高回报的。虽然之前的军事和普通跳伞经验在团队中是有用的，但水平再高也不一定能选上，选上了也不一定能融入进来，军官代表也是如此。

军官主管的选择

军官主管（OIC）负责指挥和管理队伍中的军官代表、队长及其队员。原则上，只需一个领导培养者负责人来一起管理团队。在其他组织中，可能还会有一个高级培养者或一个经验最丰富的人，可以为团队提供指导和帮助。在 USMA 跳伞队中，就有某个人专门为领导培养者组织和设定计划。

在与跳伞队一起工作的所有军官中，只有级别最高又有丰富跳伞经验的军官才能担任官员主管。其实军官主管是一个误称，因为只有总教练才主管整个队伍，军官主管实际上只是一个指导者和领导培养者。

在一定程度上，能力也很重要。理论上，军官主管是一个具有高级军事或学术级别的领导者，被派到西点军校执行任务，并且应该拥有由美国跳伞协会颁发的 D（专家）级证书。他们的其他教学评级和操作资格水平也很重要，因为应对危机，基于的是能力，而不是权威。

在注重领导者培养的团队中，团队监管者有正式的等级制度。但是在大多数组织中，监管责任只是落在现有的领导层身上，而领导层也是分等级的。还有，跳伞队的军官主管显然证明了领导培养者可以在对团队的管理和领导中收获很多，这是培养者在团队活动实现其作用的结果，但要实现这一作用需要整个培养团队的合作，而许多团队不用领导反而表现得更好。

其他军官代表的选择

想成为军官代表的军官们经常会咨询跳伞队的信息，参加队里的面试甚至要求正式的会面。军官主管和总教练会一起对其他领导培养者的素质进行评估，包括他们的领导力、跳伞资格和他们的意愿强烈程度。军官主管经过总教练的授命，半年一次以书面的形式任命军官代表。

优秀的跳伞技巧可以增加军官代表的可信度。无论在什么样的极端情况下，能力不足是领导者的毒药，因为这种情况会直接威胁到学员的生命。为了帮助军官代表做好充分准备参加跳伞，团队采用了两个阶段引导他们进入最佳状态。

阶段 1：准备并熟悉团队的管理。在加入团队的前 4 个月，新的军官代表会以领导培养者的身份参加团队的一些活动，如果他们有跳伞的意愿，那么就需要和有执照的跳伞者一起跳伞，这种参与过程可以让他们了解团队训练的时间和特征。对于那些跳伞不熟练但拥有卓越的领导培养技能的人，教练们会和其他有经验的军官代表对他们进行训练，以树立他们的可信度和权威性。除了与 USMA 的团队训练之外，积极的军官代表需要在民用跳伞中心练习跳伞（自费），从而不断提高自己，并更加熟悉这项运动。他们必须要向学员证明他们愿意并且可以冒险，他们同样热爱跳伞。

在这一阶段最后，领导培养者们已经了解了团队的时间需求和特征，然后决定他们是想加入跳伞队中无须跳伞的管理团队呢，还是离开团队参加其他的学员培养活动。也是这个时间，军官主管和总教练可以共同判断出哪些优秀的军官代表适合本队，哪些不适合。想要继续跳伞的军官代表需要在第一阶段的后期获得跳伞执照，并能展示出良好的领导培养能力和对跳伞无与伦比的热情。

☆ 为什么这对领导者至关重要?

在任何组织中，领导培养者最好有一个试用期，来看他是否适合这个职位。有很多能力强的和全心投入的志愿者并不擅长培养其他领导者，最简单的检验方法就是让他们试一试。

阶段 2：投身服务于跳伞队。这个阶段包含了余下的（助理）军官主管，他们一开始就要决定是跳伞还是在管理位置上。两种角色都需要付出大量的个人时间，这也是团队所看重的。跳伞的军官代表必须享受跳伞的过程，愿意投入需要的时间和金钱。所有的官员代表，作为领导培养者，也必须对培养学员充满热情，愿意贡献出自己的时间，包括假期和周末，以便培养出优秀的团队队员。

☆ 为什么这对领导者至关重要?

能从团队中培养出领导者的秘密，一部分就是领导培养者全身心地投入到培养队员的目标中去。在少年棒球队，男女童子军和其他关注领导力培养的青年组织、教堂或其他社会服务组织中，经常会诞生英雄，因为他们花费了大量的时间和精力去培养英雄。这种精神可以在其他志愿者中进行培养，同样，也可以在公司和其他组织中进行培养。教练、队长和培养者，理论上在所有团队中都应该存在，而不只是在竞技运动队中。各个组织的领导者都应该在团队和工作组的经营和训练中建立这个体系。

军官代表与教练间的关系

做一名极限运动的军官代表最有意思和最有意义的是与一群高素质的中士和军官组成一个团队。委派给团队的军官代表和教练（一般是中士）不论军阶高低，都基于能力和实力保持着相互帮助关系。若是关注了解危机环境的能力，普通组织可以学到很多。当危险极小时，只需相互尊重和小小的能力就能立刻让团队转危为安。但要在较大风险的环境下进行判断时，有必要优先考虑专业能力，之后再考虑级别高低。这是一种微妙的平衡，但是在判断涉及人们的生命安全时就一点儿也不奇怪了。

例如，当决定风力是否适合进行着陆在足球场地的示范性跳伞时，教练会让经验最丰富的跳伞者来决定跳还是不跳，其他人包括那些军阶更高的人就会根据他的判断来执行下一步动作。虽然军官代表一般要比中士教练的级别高，但军官的角色就是要支持和巩固教练组的决定。此外，他们级别的另一个作用是对决定负责，在事情出错时，他们就会成为“顶盖（军队中保护下属的俚语）”。然而，应该清楚的是只要事关安全问题，管理层的任何人——下士、军官或是学员——都有权利要求停止任务直到危机解除。

跳伞队中军官和下士间的级别不是不重要，事实上修养与军事素养对指导学员来说非常有效也非常重要。只是说对于有些在危险情况下做出的领导和决定，级别和权威要暂时让位。对团队监管者来说，最重要的特点是他们反映了其团队及团队领导者应该“是什么”态度，需要“了解什么”的目标，以及“做什么”的行动。这个陆军领导者原则“是什么，了解什么，做什么”使学院更加注重领导培养者的性格（这是“是什么”的部分），而不选择知识和能力较弱的领导者。

是什么：在推动团队领导力培养时，无论领导者在不在岗位上，他都应当是学员的榜样。例如，对于与USMA跳伞队一起跳伞的领导者们来说，都期望他们能私下里是专业士兵，在团队里是跳伞员，行为准则要严格遵守联邦飞行委员会（FAA）和USPA安全条例和方针，当然也包括他们对指导学员正确的态度、行为和决定。跳伞队监管者必须是团队队员们学习的目标和榜样。

了解什么：跳伞队的军官代表私下里也应该与学员相熟，与资助者和投资者也是一样。跳伞队的领导者必须将USPA基本安全条例的内容和团队作业程序铭记于心。军官代表也必须熟悉各种跳伞出版物上的教学方法以及所有与跳伞相关的FAA规章，当然这样的规章不止一个。志愿者们最好十分熟悉跳伞设备，这样他们才能检查学员的设备是否安全，才能参与其他提高安全性的工作。

做什么：领导者必须言行一致。也就是说，要成为超级团队中的领导培养者，就要付出大量时间，承担巨大责任。加入跳伞操作的军官代表也需要一直保持USPA认可的跳伞水平和熟练度。跳伞的水平是根据跳伞的种类和方法以及跳伞者的经验和执照等级来判断的。要保持这个水平的话，每年至少要跳伞50次。要保持水平和熟练度，领导者不能仅仅局限于团队提供的有限的跳伞机会。

再者，那些只受过入门训练的志愿者，在没有其他培训的情况下，也要继续提高自己的跳伞水平（过度依赖培训是对团队资源的浪费，而且也会给学员发出错误的领导信息——此人对跳伞缺乏责任感，最重要的是这会严重影响志愿者的安全)。新加入跳伞队的军官志愿者必须加强自己在民用跳伞区的训练，包括冬季里自费的一些远足拉练。没人说在超级团队中保住一个培养者的位置很容易。他们这份责任会使人联想到赤脚滑水者的信条：“我们没说这很容易，我们只说这很酷!”

另外，所有跳伞者，从学员到上校，都要保证他们的设备处于适跳状态，自己打包设备并遵守联邦规章的120天后备装备再打包的周期——合格的FAA成员必须遵守此备份伞重折规定。而且榜样指导员需要不断提高自己的技术，以便能在降落伞工作中提出专业意见。这种技术需要受到获得各种教学等级以及专业跳伞等级的领导者的认证。空对空和地对空的摄影技术也对团队有很大价值。最重要的是，要做这份工作，无论等级高低，领导培养者必须与学员在空中一起工作，而且无论是在飞机上还是自由落体时，他们都需极度地小心，军官最大的噩梦莫过于因自己而引起造成学员伤亡的碰撞事故或意外。这足以看出对技术的高要求是理所当然的。

☆ 为什么这对领导者至关重要?

在那些没有机会为跳伞队培养领导者的人眼里，这些好像十分苛刻甚至是有些狂热了。大部分不用经历危机环境的团队似乎不需要这样多的努力，可事实上，不管是不是为了团队，要想成为一个培育人才的人，就确实要花费相当大的决心和努力。然而，最好的团队就能培养这样有担当的人。回看第三章的三种预期之外的启发技巧。

超出队员预期之外的培养方式可以对组织的有效性产生强有力的影响。不管是不是危险的情况，用什么方法，要使队员的培养产生效果，都需要付出一定的胆识与决心。这不是责任，是义务。要使以年轻人为主的受训练者脱胎换骨成为领导者，培养者就需要付出这份责任——它要求足够的生理和心理上的勇气，需要个人牺牲和将培养视作重中之重的坚定信念。最能阐述这份责任的，我最喜欢的是一个名叫史蒂夫·鲁斯（Steve Ruth）的人，他是一名步兵军官，也是一个军事领导力教员。

履行你对团队的承诺：坚守自己的岗位，无论付出多少代价

史蒂夫·鲁斯在某些方面并不像是协助USMA跳伞队的军官，当他应邀与团队合作时，他几乎没有跳伞经验，而且再有一年他就要离开学院了。他结实而健壮的身体几乎没有多余脂肪，他曾在得克萨斯州A&M大学任毕业班的班长。他是地地道道的得州人，在学院内和学员间，是众所周知的天生魅力领导者，被分派到学院中教授军事领导力这门核心课程。在健身房里，一般他做仰卧推举的重量是自己体重的两倍。由他来做我们队伍的领导培养者，我们虽然嘴上说可以，但我们知道我们即将面对的训练任务将会十分艰巨。

鲁斯的训练最艰难。我从未见过这么无所畏惧、敢作敢为的跳伞学员：他来到跳伞区就是为了学习，为了取得成功。但是鲁斯在跳出直升机后很难在空中保持平稳。有时他身体前倾头朝下，开伞后会被用力拉起来。其他时候，他总会向后倒，降落伞的线会在他的腿间向上盘旋，一开伞，主伞会被沿这个危险方向打开，巨大的力量就会猛地将史蒂夫拽个前空翻。显然，这项特殊运动对鲁斯这名学员来说确实不太容易。然而事实证明，不论他的跳伞水平如何，他作为领导者都为团队做出了贡献。

以前，我们团队在去往跳伞区时总会有些困难。学员们每天要开着两辆卡车历经12英里沿着哈德森高地山脊线，载着降落伞和设备到弗

雷德里克湖。那是一片30英亩的空旷区域，位于西点17000英亩崎岖山地边缘。有时，学员会错过卡车，缺席训练，而在西点军校，未经准许缺席是很严重的事情，这会让总教练十分生气。缺席和拖沓的惩罚也会让其他的学员十分激动，他们不明白国家竞技运动队为何对团队考勤如此苛刻。

一天，鲁斯决定要练习跳伞，但他的妻子又需要用车。他就用双肩包背着40磅重的装备，向弗雷德里克湖出发了，以为走一两英里就会碰到学员或某个其他军官顺路载他去跳伞区。因为下午的练习只有3个小时，一直走到那儿就没有时间了，而且沉重的装备也会使他极度疲惫。

不幸的是，出于安全考虑，学员不允许搭乘他人，而且我和其他两名官员经过时恰好也没发现鲁斯。他看到他可以搭去跳伞区的车从身边呼啸而过，离他10英里远了，他已经走了2英里，但离他的家只有0.25英里。作为一个忠贞的丈夫，史蒂夫总是带着手机的，也许打个电话，妻子就可以载他去跳伞区了。但对鲁斯来说，似乎这种情况也是作为领导者和榜样可以传授的一条很有价值的经验。

那时，我们已经投入到训练中去了，机库的地板上盖着黑色和金色的尼龙，勤奋点的学员们也正按程序小心翼翼地将救命的降落伞放入到伞包中。一个iPod通过扩音器放着非主流的音乐，已经准备好的学员听着歌，聊着天。突然，总教练和我发现学员们动作都变慢了，打包的和聊天的也都不动了，直直地看向开着的机库门。所有人都愣住了，只有“数乌鸦乐团”还在唱着。鲁斯大步越过机库的门槛，大汗淋漓，解下装备袋放在了地毯上。总教练看着他说：“长官，你是从主站走过来的吗?”学员们也都困惑着呢。鲁斯喝了一升矿泉水，盖上盖子后，才回答：“不是，中士，如果我走着来就错过这次练习了，平地和下坡的时候我一直在跑。谁负责安排这次跳伞？我真的需要这次训练。”

就从那时，团队中再也没有了关于卡车迟到的争论，也没有人以此作为错过训练的借口了。虽然鲁斯还没来得及成为一个合格跳伞者就离开了学院，但我觉得他是在USMA跳伞队工作的领导开发者中最优秀的人之一。他的妻子贝蒂娜（Bettina）在训练结束后就接他离开了，虽然他们沿着弯曲的碎石小路渐渐远去，但学员们似乎被固定在了车上，像是和那小路谈判似的。其实他们早已看到了车牌上红白蓝的得州标志，上面印有“责任”两个字。得州的史蒂夫·鲁思实现了他的承诺。

团队发展和体制阻力

有人可能认为很多机构会很看好超级团队中培养领导者的回报。而事实却是团队严重缺乏资金，大多数队伍的管理位置上只能安排一个队长，也许还会有个教练。队伍中有些人认为团队的目的完全就是开发领导力，但这种想法对于竞技运动环境的团队来说是不切实际的。一般的队伍，行政上通常由团队成员或其父母来负责，比如，足球妈妈的角色在现代美国的青年文化中就十分普遍。而问题就是那些帮助队伍的人仅仅是帮助团队而已，而不能教会团队成员如何发展自己。因此，支持并不一定能促进其发展。

我们都知道很多不守运动道德（甚至是暴力）的现象大都是受父母的情绪失控的影响，但不可否认，家长的参与对团队存在和发展的作用可以是建设性的。团队渴望胜利的荣耀，但当他们沉浸于胜利之中时，他们会列队欢呼，大骂裁判甚至是诋毁对手，从而，这种渴望可能会使他们越过道德的底线。在父母的眼中，胜利因有失败的对照而显得更加重要。但**对于个人发展来讲，失败同胜利一样，也具有重要性和建设性。**

而领导培养者的角色不仅仅注重团队的表现，比起团队的绩效和输赢状况，他们更加关注队员个人领导力的发展。其中一对一的教练是不太常见的，只有在能负担起大量教练的团队中才会出现，比如第一航空分队和专业运动队。虽然这些训练者和教练是很关注个人发展，但他们同样也想把队员培养成能代表团队的优秀队员和运动健将。

相反，注重自身发展的精英团队要求领导培养者（如学院的军官代表）要以培养更好的领导者为目标，而不仅仅是更好的运动员。具体要求如下：

- 一次观察一名竞争者，关注团队成员生活的各个方面。
- 无论赛场内外都要参与他们的生活。
- 关注运动员们推崇的价值观，不管他们是否将此价值观付诸实践。
- 作为学员的领导榜样，不能替他们去领导，而是教导他们目标是什么，需要了解什么。当然这些要在团队中进行，而且只有在团队中他们才能学会领导。

全国大学校际体育运动协会（NAIA）证实**运动对人的品德发展具有很大作用**。协会发起的道德冠军项目目的就在于增强运动员对运动品德价值的理解。学生运动员、教练和家长可以以此来培养自身的运动道德品质，但这项活动的重点是品德的培养，而不是领导力。事实上NAIA的这个活动传递了这样一个重要信息：体育运动并不一定能培养团队成员的运动品德和领导能力。

培养这些需要更多的努力。我们在团队中加入领导培养者，在军事学院中加派军官代表，都是基于这个重要的推断。**体育活动不能培养领导者，领导者才能培养领导者，体育活动只不过是培养过程中的重要方式。**

NAIA在2000年开始启动道德冠军这个项目，并声称这将是全国最能展现青年运动员道德问题的活动（但这份充满信心的论断很可能会受到男女童子军项目的挑战）。论其范围，它已经在北美近300所学院和大学相继展开。这个项目的真正目的是发挥社团的力量，增强运动员对正确价值观的理解，即尊重、责任、团结、服务领导和体育道德。而且也促使教练、父母和团队管理者承担起了队员道德培养的责任，而不是任其在运动中自由发展。

以极端方式建设领导培养者团队

这一章有两个基本观点。首先，**集体和团队是培养领导者最好的环境**。虽然这些团队本质上不是以此为目标，但只要予以适当调整，他们就能变成培养领导的实验室。但这要靠团队高级领导者的努力，使任务型团队具有培养领导者的作用。

其次，危机环境能使团队能力达到更高的水平。因为危机环境使他们注重外部世界，激起求生欲望从而全力应对困境。此成效不单单是对个人有价值，对于团队，它会带来队员间的领导关系，比如产生对他人的责任感，发现会对团队做出贡献或产生威胁的人，以及监督领导者行为的正义者。

这两个基本观点对一些组织中的培训者和领导培养者都有十分重大的意义，尤其是对警察局、消防队、缉毒局、FBI和军队等政府组织。虽然这些组织一般都是团队训练，但由于严格的安全和事故问责制，他们极不愿意在危机环境下对自己的团队进行训练。冷战期间，陆军指挥官们经常说：“在和平时代，任何事情都不值得士兵以牺牲或重伤为代价。”当然任何事故都会造成不幸，都应全力避免，但危机环境是训练的一部分，应该细心谨慎地进行而不能取消。因为危机领导力绝不是在安全和可预见的环境下就能学到的死技巧。但危机环境对培养领导力的价值还是存在争议的，到底能产生多大价值，这还需要有效率地进行积极研究。

☆ 为什么这对领导者至关重要?

在更广泛、更通常的情况下，我们所得的真实经验是需要个人努力的，而不仅仅是团队和集体活动的副产品。家长领导的儿女团队要成为哪种团队，企业需要选择培养哪种领导者，这些都需要认真思考。如果不经努力就能培养出领导力，那么所有人都能成为优秀领导者了。将优秀的领导品质传授给其他人、其他组织，以及迫切需要卓越领导者的社会，这是我们领导者和领导培养者义不容辞的责任。

总 结

1. 要将培养未来领导者作为你们组织的目标之一。在团队中或是团队本身，都不一定能培养领导者或者积极的品质。如果领导力是最终目标，那么**最好以培养领导力为目标建立团队**。那么不管你的团队是生产小零件、参加曲棍球比赛，还是打击犯罪，最好都要坚持这个目标。因为所有的小组、队伍、企业甚至社会都需要在危急关头挺身而出的人。

2. 不要选用你能找到的最好的个人来组建团队。选择有能力的精英团队队员是走向成功的第一步。假如你组建团队首先看重的是个人能力，那么你会容易忽略或者低估能使普通团队变为超级团队的重要因素：凝聚力、团队的稳定、乐观的团队精神以及多样性。那些有极好的团队合作潜力的人才是组成精英团队的核心，其他的因素还有优秀的领导力和努力工作的精神。只有通过危机环境考验的队员，才能建立真正的精英团队。同时，精英团队应该经常选择各方面能力都较好的人：适应能力强、思维敏捷、有冲劲的人。过度注重某一单方面，可能找到的只是任务执行者但却不一定是领导者。

3. 知道决心。纪律和精力是所有领导者的重要特征。除了用俯卧撑来测定其是否具有这些品质外，还有其他方法，残障人士也可以具有这些品质。所有组织的领导者评估应该把这些素质考虑在内，形成一系列的评估来使这种计算方法合理化，毕竟人总是想要雇用到有责任心的人。

4. 记住具有多样性的团队才是稳定的团队。多样性为团队的一切都增添了一些良好素养和相互尊重。

5. 确定组织的新成员适合你的队伍。企业或其他事业中的所有团队，其成员必须融洽地一起工作，这个团队才能实现作为领导培养实验室的功能（一个团队成员能自在地相处和相互学习的实体）。

6. 发现组织中的领导培养者，最好的团队都有最好的领导培养者。他们可能是团队的心理学家或技术顾问，抑或是“灰胡子”——他们不对团队负主要责任，但会给教练和团队成员提供协助和建议。

7. 拥有注重团队活动指导的队长。优秀的队长应该帮助教练控制全队的表现，并在队员间建立相互的动态关系以保证团队把重点放在团队表现和责任上。如果是教练这样的队外之人只是在那儿说教什么团队标准，通常会被置若罔闻，更糟的是成员甚至会产生反叛或抵抗心理。但是，如果团员由他们的榜样指引着而没有说教，所教授的东西可能就更可信并且更容易被接受。

8. 团队需要合格的领导培养者。他们应该有丰富的领导经验，能被当作典范来学习，拥有领导者的态度和行为，并能真正指导团队成为一个优秀的队伍。领导培养者最好有一个试用期，来看他是否适合这个职位角色。有很多能力强的表现好的人和全心投入有奉献精神的志愿者并不擅长培养、发展其他领导者人。

最简单的检验方法就是找出擅长的人并让他们试一试。

9. 时刻记住优秀的领导者应该“是什么，了解什么，做什么”。这是美国陆军领导者的原则，但这也可应用于任何其他组织。其意思是优秀的领导者无论在工作内外都是其他人学习的好榜样；他们应充分掌握组织内的人员、系统、章程和设备等所有信息，从而使他们的才能得到部下的认可和信任；他们需要履行自己的职责——言行一致。

10. 关注队员个人领导力的发展。优秀的领导培养者最重要的目标是培养未来的领导者，而不仅仅是团队的绩效和输赢状况，这些应该由其他人来负责。

11. 培养领导者需要个人努力。它不仅仅是团队和集体活动的副产品。如果不经努力就能培养出领导力，那么所有人都能成为优秀领导者了。将优秀的领导品质传授给其他人、其他组织，以及迫切需要卓越领导者的社会，这是我们领导者和领导培养者义不容辞的责任。

危机领导者的体力发展要求

危机使得危机领导者保持特别的肌肉力量和体能力量极为重要。我的体能的榜样在我年轻时是戴维中尉，他现在是四星将军，在伊拉克负责指挥多国部队。他比他的大多数部下都跑得快，跑得远，而且他非常喜欢展示只用一根登山绳就在一个L形状的有钉子的攀岩地方攀岩25英尺，只是双手互相交替，而根本不用脚的帮助和力量。身体机能是戴维的一部分，也是他生活的一部分。

1991年，就在我到达101空降部队前，戴维正在指挥一次步兵的战斗，187步兵师第三步兵团由于身体机能特别棒而闻名。他正在督导一次袭击，碰巧，他站在部队最高指挥官杰克·基恩（Jack Keane）上将的旁边。

戴维的一个坦克手正在一排一排地进行弹药轰炸，在一次长时间的爆炸中，这个坦克手受伤了。部队被困在堡垒里，但是这次坦克的炸弹袭击也没有产生足够的能量打开局面。坦克手把他的武器拴上了膛进行保养，然而无意中把武器指向了戴维和基恩。随后，战壕里的热量点燃了弹药，炸开了，并以每秒超过3000英尺的速度迅速蔓延到战壕的其他地方。炸弹击中了戴维制服上印有他名字的地方，把他的防弹服从后到前击穿了，整个胸腔是一个一个的伤口。

部队最高指挥官和战地医疗队让戴维不能动，并控制从伤口流出的血。一架医用直升机被立即叫来，并把戴维载到医疗中心进行治疗，胸腔外科大夫进行了紧急手术。

福里斯特把戴维能从那么严重的伤势中抢救过来归功于他令人难以置信的个人身体机能。戴维如此迅速地康复让他的士兵们目瞪口呆，在他被射击后仅几个月的时间，他就能完成军队要求的 10 英里竞跑。在严重的受伤后，一个人原来的身体机能和身体素质决定了他的康复时间和活下来的概率。

除了在严重受伤中康复，**危机环境对领导者也有特别高的身体素质要求**。在威胁无处不在的环境下工作的危机领导者，诸如肌肉扭伤等这样的小伤害在所难免，也是无关紧要的。根据所处的环境，疲劳是可以被管理的。领导者总是在他的下属中帮助下属管理他们的疲劳，当然，如果下属足够聪明，他们也是可以准确自由地管理自己的疲劳的。虚弱通过休息能够得到缓解——用军事术语说，这是一种策略上的停顿。体力不够的情况可以用团队协作甚至一些工具得到克服。但是突然的受伤对领导者个人来说可能是致命的，这对他的追随者来说提出了非常高的难以完成的要求。用军事术语来说，“草皮”这个词语是被用作动词的，“铺草皮”意味着由于彻底的精疲力竭和使人逐渐衰弱的受伤而倒在地上。卓越的领导者要求各种身体机能都完好无缺，他们负担不起“铺草皮”。

使身体逐渐衰弱的伤害也许是不可能消除和避免的。对卓越的领导者来说，故意减轻这种伤害将是灾难性的。就像良好的持续计划对于商界领导者不可预测的灾难性损失是非常重要的，就像命令对于军队、警察、消防队队员的操作是至关重要的一样，身体素质对于防止使身体逐渐衰弱的伤害也是准备当领导者的必须要求——如果不是强制性的要求的话。危机领导者由于常规对危险和压力的期望而被归类。和那些更积极应对危机的领导者不一样，危机领导者已经准备好了并且假定能承担可能会挑战他们的最难应付的各种情况。大多数领导力培训都有一些精神上的甚至情绪上的准备。卓越的领导者需要在体力上做好准备，具体来讲，他们要最大化生存和成功的概率。

危险连连的环境对那些要在威胁无处不在的环境中航行通过的人提出了独有的身体素质上的要求。这种体力资源承认了那些体力素质要求，并且特别强调了对危机领导者的体力准备要求，有一些远远超过对大多数运动员日常进行的训练，对在危机环境中工作的人是特别有用的。骨骼的稳定性、平衡性和身体的灵活性在危机环境中远比在日常体育运动中大家友好竞争的环境中重要得多。然而，身体机能素质的重要性的意义远非如此简单。它也解释了危机领导者领导的一个身体素质良好的军团的日常生活也更加有规律，因为某些形式的锻炼将能保护我们每个人都减少使身体逐渐衰弱的伤害。

身体状态良好是领导者的优势之一

纵观危机领导者，身体状态良好都被认为是有价值的，而直觉也会告诉我们艰难的环境要求身体状态好的人。**卓越领导者，无论是成功的商界总裁、专业运动员，还是军队领袖，都认为在他们身体状态最好的时候，他们的身体和精神也都最能满足环境的要求。**在公众看来，社会精英们也毫无疑问都有健康的、干净整洁的外表。**领导者表现得很有能力是为了获得信任和下属的忠诚，而良好的身体状态正是个人能力的一种外在表现形式。**

对一个领导者整体健康状态的看法意义重大。当一个领导者身体健康状态不理想或者受伤了，组织也同样状态不好或者受伤的看法就会形成。这种看法在领导者受伤导致死亡的情况下尤其明显。最近，一些组织就经历了这种情况，他们的 CEO 突然死亡，使得关于这些组织出现了许多难以衡量的负面的看法和结果。例如，在 2004 年 4 月 60 岁的 CEO 吉米·坎塔卢普（Jim Cantalupo）死亡后，麦当劳的股价在纽约交易所一个早上就下降了 42 美分，跌到了 27.04 美元。一个组织 CEO 的死亡将带来更大的不稳定性和不确定性。苹果公司由于 CEO 乔布斯的癌症手术调整了它的股票价格。尽管分析家们对这些公司做出了悲观预测，这两家公司都运用了合适的战略来消除了公众和股东们对公司领导层不稳定的看法。问题的关键在于对领导者健康的看法将极大地影响人们对这个组织健康的看法。

然而，就像其他的大多数价值观一样，关于身体健康状态的原则和实践之间也有很大的差距。我们中的大多数人只是普通人，时间表被排得紧紧的，几乎是没有可能出去工作的。而对典型的领导者而言，在外面工作是一定程度的压力释放和他的工作的要求，他要集中注意力，既要改善自己的外表又要改善自己的健康。但是这一点也是没错的：许多伟大的领导者是身体处于亚健康状态的典型，从温斯顿·丘吉尔（Winston Churchill），一个抽着雪茄喜欢喝酒的家伙，到戴夫·托马斯（Dave Thomas），国会议员，温蒂快餐公司最成功的创建者。

身体健康的原则和实践之间的差距也许永远都会存在。一种缩小差距的方式是确保体育锻炼不仅能增加身体总的健康状态，而且还能防止受伤。并不是每一项体育锻炼都是必须进行的。在寻找更好的身体健康状态中，每一项体育锻炼都起着重要作用。

危机领导者需要随时都保持身体状态良好

大多数对个人身体健康的培训方法都旨在发展力量和耐力。跑步、快走、游泳，及其他锻炼肌肉的运动都能够帮助把多余的脂肪和赘肉减掉，使心脏和肺部功能更健康、更有效。那样的训练能给参加训练的人以速度和耐力，使他们对任何他们从事的事情都更快也更持续、更长久。力量的训练使积极参加的人在许多重要方面受益，如更好的肌肉功能、增加骨密度、减少受伤，等等。

美国军事研究院环境医学部（USARIEM）也承认危机环境对体力、对身体素质的持续高标准的要求。USARIEM 通过关注防止肌肉受伤来提高领导者和追随者的业绩表现，并且在做相关研究。

危机环境下保持身体各项机能良好是一个值得研究的课题。士兵、消防队队员，还有其他在危机环境下工作的人员，他们对自己的身体都提出了非常严格的要求，包括负重在崎岖不平且危险重重的地方迅速通过等。这样一来，肌肉拉伤（包括骨头、关节、手指、肌肉还有其他软组织等的拉伤）对那些在危险和严酷环境下工作的人们是极其普遍的。事实上，保罗·阿莫鲁索（Polo Amoroso）上尉，军队医生，USARIEM 的行为研究专家，就认为肌肉受伤是军队里士兵们不能战斗的最主要原因。

尽管受伤的最严重的后果一般都是发生在危机环境中，然而，肌肉骨骼训练受伤的问题却通常是在基础训练中才得以研究，这大概是因为军队训练中心的人数规模以及他们的士兵更容易被研究吧。根据 USARIEM 的研究数据，基本上，在基础训练中，25% 的男性受训者和 50% 的女性受训者都会经历某种程度和某种形式的肌肉骨骼拉伤。位于马里兰州阿伯丁基地的美国军队健康促进和预防医学中心，一直与 USARIEM 合作，已经对美国军队中的培训生们就肌肉骨骼拉伤进行了超过 20 年的研究了。

收获是明显的，不仅让士兵和他们的领导者免于受到拉伤，而且减少了各种抑制发炎药物的使用（NSAIDs），如阿司匹林等。士兵们倾向于大量使用这些药物来对付他们频繁发生的肌肉骨骼拉伤。如果这些药物的剂量用得小的话，使用一些止痛药物也是可以的，但是如果使用的频率过快，服用的剂量过大的话，这些止痛药物会带来其他问题。

对于领导者而言，保持身体灵活性、关节稳定性和避免伤害的能力远比行动受到限制的不方便、公众认为你易受伤害或者比较虚弱更为重要。这意味着你可以避免服用止痛药以及避免止痛药带来的副作用，而这些副作用看起来是与许多典型领导者有压力的生活风格相关的。

优秀领导者身体素质的三个特征

和其他优秀的商界领袖一样，危机领导者也需要身体锻炼的项目以最大化各项身体机能，最小化关键时刻突然受伤的概率。长跑等身体机能训练项目已经成为商界精英们典型的运动方式。但是长跑运动员，通常来说，是世界上最容易受伤的专业运动员。大多数健身房和军队健身馆都配有举重设备，然而，背部受伤是这些举重运动员最常见的健康保险赔偿的内容。通常的体育锻炼项目低估了某些体育锻炼的价值，这些体育锻炼可以使关节更加稳定，防止错位，最小化骨折的摔倒，防止肌肉劳损——这些在危机环境下将是灾难性的。正是这三个保护性目标方面的增加，将优秀领导者身体素质和普通的人区别开来。这三个目标是关节稳定性、平衡性和灵活性。

关节稳定性

你的身体训练项目是否包括在平整的、稳定的诸如人行道上的散步或者慢跑？你使用一些力量锻炼的器械，诸如举重等，来让你的肌肉和器械的电缆区别开来，或者围绕器械的轴心进行举重吗？如果答案是肯定的话，那么你的身体就将是非常不错的，你也为经常的受伤做好了准备。为了了解这一点，需要了解关节是怎样工作的，是怎样保持稳定的，以及在受伤后是怎样恢复的。

关节的主要稳定源是那些被动结构——骨头和韧带，把身体各个部分连接在一起，成为一个整体部分。它们之所以被认为是被动的，是因为它们的基本物理特性和相互之间的关系是不能更改的。其他情况下就会受伤，如韧带断掉、骨折等。就这些被动结构而言，它们本身对于运动中关节的稳定性是不足以应付的。

关节还需要第二种稳定源——肌肉——以便维持运动中的稳定性。与那些被动的骨头和韧带不一样，肌肉可以以多种方式得到训练，使得关节较少错位，提供危机环境中要求的各种功能，避免受伤，而这些也正是所有领导者所寻找和需要的，因为领导者们由于受伤而不得不去治疗将对组织产生极大的灾难性后果。

稳定关节的肌肉群，为了两方面的原因迅速地进行工作来稳定关节：感觉运动的能力（肌肉运动知觉感知，或肌肉运动知觉能力），和感知关节位置的能力（生理本体感受）。

在被动结构（韧带）和第二稳定源（肌肉）中都有复杂的射线组，它们能够加速信息传递到中枢神经系统，协调关节的肌肉稳定性。这些射线组在运动快结束的时候最为活跃，它们努力地工作，使得肌肉与骨头和韧带协调一致地工作，以避免关节运动中的高强度或其他伤害行为。

但是有些动作的发生比肌肉训练的稳定关节的速度快得多，那么在这种情况下，只有韧带和其他被动结构才能提供稳定性。当一个关节的运动超过了身体通过第一稳定源和第二稳定源使身体保持稳定的能力，那么，韧带拉伤或韧带崩裂就会发生，严重时就会发生骨折。这时，领导者就会消失在公众的视野中，如果是处在危机环境中的领导者，就将面对人生中最灰暗的时刻。对于优秀的商界精英而言，重新恢复正常的肌肉活动也许需要几个月的时间才能使关节恢复到正常水平，尽管他们已经在物理理疗和恢复性练习中花费了大量的时间。这样的结果本来是可以避免的。肌肉对它们得到的训练会有所反应，而受过训练的肌肉对于稳定关节将做出更迅速的反应。

生理学家并没有花足够的时间和精力指出危机领导者怎样使关节稳

定。然而，生理学家却已经学会了如何稳定受伤者的关节，而这些稳定关节的原则都是一样的。恢复性训练就展示了稳定关节的整个过程。为了重新建立稳定性，作为非手术治疗过程的一部分，训练者必须遵循以下三个步骤：

1. 活动范围要重新开始，或者是依靠个人的力量或者是通过别人的指引，来确定正常的活动范围。

2. 重新恢复力量和生理本体感受，通过仔细地控制活动范围同时增加活动力度来实现。

3. 关节不负重的弹性活动，在结束训练时再负重。

这一建设性的序列就形成了一个保护领导者、避免领导者受伤的行动概要设计的基础。

☆ 为什么这对领导者至关重要?

所有领导者，不论是体力要求严格的危险岗位领导者，还是安逸的办公室环境领导者，如果他们了解了稳定关节的重要性，他们只要花更多时间来锻炼就可以，而不用花很多时间去治疗。

力量和心血管的锻炼，若是刻意加入不稳定的训练活动，就可以增强关节的稳定性。关节的主要作用是应对不稳定的身体负重，从而能增强身体的运动感知能力和关节位置变化能力（肌肉运动感知能力和本体感受能力）。这样，肌肉就受到锻炼以更好地稳定关节。

如果你要把日常锻炼计划的目标调整为最大限度地增强关节的稳定性，那么在整个锻炼过程中，你最好要有足够的耐心。首先，锻炼时关节不要有任何的负重，这也被训练者们称为开链运动。其次，是闭链运动，即运用地板或墙壁做推挤运动以使关节受力。最后，用计划中的各种方式加快运动的速度。

将不稳定性训练作为锻炼技巧的这个明智之举，连完美的危机锻炼计划和运动英雄训练计划都没想到。我们的大多数生命活动都是在不稳定的环境中进行的。如果领导者不愿受伤的话，那么就需要对他们的体育锻炼更加留意才行。

平衡力

大多数人很少关注身体的平衡力，然而，我们身体的平衡性无时不在。当我们站立时，我们的重心自然就在基底支撑着整个身体。当我们移动时，重心也会随之转移，突破身体的静止限制而迫使身体向前迈步以防摔倒。当我们跑步时，我们也会有意识地将重心前移，因此我们必须再往前跑一两步才能重新获得平衡。即使我们是静止的站立状态，我们的肌肉，特别是核心肌群，仍然会自动地反射性地保持我们的直立状态。所以，大多数人都把平衡力当成理所当然的了。但是，那些不希望受伤的领导者却不能这样。

在平稳、安全的环境中，我们很少会感知到身体的平衡性，也很少在意偶尔的跌倒，即使是几个星期都要借助拐杖，努努力的话也能就过去了。但是，在危机环境下，摔倒一次可能就会致命，而且还有可能使整个团队都陷于危险的境地。而对优秀的商界领袖和政界领袖而言，一次身体的跌倒就昭示着权力的衰落。重要的领导者需要仔细注意自己的脚下了，否则就做好准备付出形象受损或者可信度降低的代价吧。

通过平衡力课程训练，你将学会如何保持和获得平衡。一些训练中的设备和方法可以帮助你获得更好的平衡感。伏都板是一种比溜冰板略长的一块直板，上面有一个滚轴，周长大约 6 英寸，宽度和板子一样宽。使用者必须有相当好的平衡感才能站在滚轴上的板子上，然后通过板子下方滚轴的滚动从一侧滑向另一侧来前进。它既能训练腿部的肌肉，也能训练迅速转移重心的能力。BAPS 板（运动康复常用的设备之一，主要用来训练下肢本体感觉。——译者注）是一个直径大约 3 英尺的圆盘，在中心下方有一个滚轴。使用者站在板子上，必须不断地运动才能在板子上保持平衡。另外，舞蹈、滑冰、溜冰等也都是开发平衡感非常好的活动。

完美体魄法则里，要有良好的平衡感还需要注意拮抗肌的协调训练——例如，大腿前的四头肌和大腿后面的腿筋，胸前的胸肌和相对应的背部肌肉等。如果某个或某些肌肉群比相应的肌肉群发展较差或较慢，就极有可能发生肌肉拉伤，哪怕只是在做温和的热身运动和一般的肌肉拉伸运动。

这一点在一场垒球比赛中得到了完全的验证。一个跑着的跑垒员（那个跑垒员就是我）看起来身体机能非常不错，但却因腿筋撕裂倒在了球场上。我们整个队伍在比赛开始前做热身，跳了大约 15 分钟，然后还做了一些肌肉拉伸的常规活动，拉伸了一下腿筋。但是，那个时候，我的日常锻炼基本项目是长跑，所以我的四头肌比较发达，但腿筋又比较虚弱，两者完全无法协调。由于我的肌肉被重度拉伤，以至于受伤的小腿比另一条腿活动度少了 17 度，而且外部的淤青从屁股下面一直延伸到小腿肚。我用了 3 个月的时间才恢复了过来，不过这也是因为我不平衡的日常锻炼而付出的沉重代价。当然，在这次比赛中，我被淘汰出局了。如果这次不是垒球比赛，而是危机环境的话，我可能就由于这次摔倒而彻底完蛋了。

灵活性

与关节稳定性和身体平衡性一起，危机环境对身体素质要求的第三方面是灵活性——对领导者身体条件要求很高的一个重要能力。灵活性对领导者，特别是那些在危机环境下工作的领导者来说很重要，因为它可以一直保持，不会减弱——这个能力在危机环境下只要不受伤就能持续使用。在领导者看来，努力锻炼以提高身体灵活性是为了预防大的灾难的发生。如果软组织受伤，比如严重的踝关节扭伤或者肌肉劳损，领导者或者追随者就需要马上卸下背负行李的重任了，显然你已经不能负重了。

若要为了在危机环境下（或是领导者无法担当重任时）保持良好的灵活性，防止受伤，需要遵循以下三个原则加强锻炼：

1. 根据肌肉受伤的后果选择锻炼的肌肉群。一般情况下损伤皆不平等。例如，在大多数情况下，腕关节扭伤或者腕关节折了，与大腿后筋撕裂或者背部受伤相比，影响并不是很大。领导者有时需要对他们的工作环境进行快速分析，回答两个问题。第一个问题，在你所处环境里最容易发生哪种损伤？第二个问题，哪种损伤发生后最危险？第一个问题答案大都知道，大多数专业运动员也会这么问，但在某些情形下，第二个问题其实更为重要——当然在危机环境下也很重要。

2. 随时随地进行灵活性锻炼。绿色营地是个陆军术语，是伞兵们在上机进行训练或者战斗时等待和整顿的地方。伞兵们的设备只要被他们的跳伞负责人或者其他领导者检查过了，你会发现，那些有经验的士兵通常不是在打盹就是在玩“比谁快”的游戏。在大部分大规模跳伞训练中，当他们在高空跳伞降落时都会有一些人软组织受伤，晚上训练时可能会更多。而绿色营地就是一个肌肉拉伸非常棒的地方，特别是对腿筋、膝盖、脚踝等部位的拉展练习。那么哪里是你的绿色营地？有没有这样的地方，你可以用来进行肌肉拉伸而不只是站着发呆？要养成肌肉拉伸练习的日常习惯，这样比你特意拿出一部分时间来进行专门的肌肉拉伸更为方便，也更容易实现。当然，在任何运动锻炼之前，肌肉拉伸练习也都是必需的。

3. 确保你的肌肉拉展练习与特殊的设备和环境相适应。虽然我们有一般的肌肉拉展练习，但是，对于运用武器、消防设施、斧子或者其他设备的人来说，在开始练习之前就应该把设备的重量、功能、移动范围等考虑进去。肌肉拉展练习必须与它的需求相匹配。我个人最喜欢的肌肉拉展练习时间是在做好了跳伞准备，等待飞机的时候。因为在我带好设备安置妥当了之后进行的肌肉拉展练习，能更好地保证我顺利地跳伞。

对危机环境灵活性要求的分析是怎样运用到普通环境里的呢？这儿有一个简单例子，可以予以说明。假设你的主要设备是手提电脑，那么你最可能受的伤是压力带来的精神紧张，而后果最严重的受伤是可能由于你的背部或颈部时常痉挛导致你丢掉工作。这个分析就建议你应该拉伸你的肩部和背部的上半部分以及颈部等来防止肌肉痉挛和头痛。如果你经常拿着手提电脑穿梭在机场和大巴站，这种情况就很可能发生。因为那样的工作一般需要一直坐着，时间一长，就会对你背部的下半部分产生压力，所以你应该考虑在桌子边站着工作会儿或是偶尔休息会儿。你应养成这样一个习惯：每次你离开工作间进行短暂休息的时候，做一些向上的背部拉伸练习。在你的茶杯或咖啡壶下放一张便签或者其他东西来不断地提醒你，直到这个习惯养成为止。

把力量、平衡性和灵活性结合起来完成你的身体锻炼

对于维持身体平衡性和灵活性最好的锻炼可能就是瑜伽了。瑜伽是人在冥想呼吸的同时还要进行身体伸展和姿势的变换，而这两方面的锻炼可以不断增强身体对相应的核心肌肉群（躯干和背脊的所有肌肉）的控制能力。练习过程中呼吸是有节律的深呼吸，这能使肩部得以展开，背部肌肉得以放松，脊椎得以把较小的压力分散到椎间盘和相连的组织中。瑜伽中经常有个姿势是两手相对，这样身体的警觉性立马就提高了。耐力瑜伽的姿势通常要保持 1～2 分钟，而力量瑜伽的姿势会不断变化，通常一个姿势只是 10 秒左右的时间。

瑜伽的另一个重要特点是随着规律的呼吸、延展和平衡性训练，精神能得到很好的锻炼。瑜伽可以使人进入深度的冥想状态，产生内心的

平和感和满足感。深呼吸则具有净化的作用，会让人感觉非常放松。而身体的伸展将减轻肌肉的压力，恢复关节和脊椎的平衡性和稳定性。

怎样通过提高身体的灵活性来延长你的工作时间：卡里姆·阿卜杜·贾巴尔20年的运动明星的生涯

卡里姆·阿卜杜·贾巴尔（Kareem Abdul – Jabbar），一个非常富有传奇色彩的篮球明星，真切地证明了，通过瑜伽和其他专门的训练，锻炼出的身体灵活性和延展性，除了保持体重和防止心脑血管疾病的功能之外，还能有效地防止运动中的领导者受伤。众所周知，在历史上所有职业运动员中，他是拥有最久职业生涯的人之一。作为一个职业篮球运动员，他参加了20个赛季的职业篮球比赛。他42岁才退休，是其他NBA篮球明星退休年龄的两倍。

阿卜杜·贾巴尔从UCLA大学开始，就跟着著名的教练约翰·伍登（John Wooden）在学校篮球队进行篮球训练。伍登教练将贾巴尔的训练项目设计成对心脑血管机能上的训练，而很少或者说几乎没有涉及体重方面的训练。这样做是为了适应UCLA大学比赛中的分散打法，以便贾巴尔能尽可能长地在篮球队中效力，并且保证他能以最快的速度抢到篮板。伍登认为体重训练项目对他的队员没有什么帮助，特别是对贾巴尔。尽管力量被认为是必需的，但是，一般力量的训练是通过高强度的举重训练增强肌肉力量，从而对投球产生帮助。

在他大学生涯过去了一半时，贾巴尔在参加心脑血管机能的各种训练之外，开始学习合气道（日本的一种徒手自卫术，利用对方的力气取胜。——译者注）。这是一种传统武术，涉及身体的延展性，特别是腿筋、腹股沟、腿下肌肉的基本伸展。在他大学三年级的时候，他对武术和延展训练对关节保护的价值有了更深的了解，那一年，他认识了武术专家李小龙（Bruce Lee）。

李小龙是一个战士，他完全了解身体的延展性和灵活性对保护关节和肌肉具有很大的价值。他教给了阿卜杜·贾巴尔一种全新的身体延展性锻炼方法——静止的身体延展性训练，保持20～30秒，而这与当时更为流行的迅速、跳跃、重复的移动训练方式完全相反。现在这种方式在运动员和训练者中广泛使用了。静止的身体延展训练法可以防止肌肉损伤，而且也是提高身体灵活性的最佳办法。

贾巴尔在大学打篮球的时候就开始学习瑜伽了，这一决定被认为是他得以延长职业篮球生涯的关键原因。在一次访问中贾巴尔说道："我相信，瑜伽是我能够这么健康地打那么长时间篮球的原因之一。瑜伽，你很难去量化它的益处，因为你在练习中从没有受过伤。但对我来说，我感觉到了我姿势的改变——这对于我来说非常关键，因为我后背的下部不是很好。但是在我开始做各种瑜伽姿势——阿萨纳斯（Asanas，瑜伽派佛教修行时的一种姿势。——译者注）以来，所有的这一切都改变了。我的健康状态得到了彻底的改善。"

☆ 为什么这对领导者至关重要?

许多提高领导力的方法，大部分是军事学院的方法，旨在帮助领导者在多个方面提高领导力，包括智力的、社会的、情绪的和身体的。但对于危机领导者或者优秀领导者来说，身体方面具有更高的价值，意义也更为重大，健康状态和身体素质不仅仅是对个人发展和身体状态意义重大，包括提高关节稳定性和平衡力在内的健康锻炼，也是支持着领导者带领团队鞠躬尽瘁地战斗在第一线的关键所在。

结　论

危机领导力的研究将我们的好奇心带到了高高的山顶上、飞行的飞机上、战乱国的荒野中、老虎为王的丛林里，还有火灾和犯罪常发的城市里，等等。这本书就是关于那些生活和工作在危机下的人的，在这里，人们随时都可能丧生，但同样也是在这里，**了不起的领导者从中诞生，他们的能力在生死存亡中得到了严酷的考验。**

危机下的严酷考验是独一无二的，但它产生的成果也是独一无二的。**真正的挑战产生真正的领导者**。容不得自私的环境产生无私的领导者，容不得能力不足、疏忽大意的环境产生精力集中的、能力卓越的领导者，在财富和权力毫无用处的地方产生强道德责任感和强社会意识的领导者。而没有重来机会的世界能造就人们在第一时间一次就实现目标的社会。

社会行为科学，当代领导者开发的学术基础，躺在经验主义的舒服的温床上。而经验主义主要通过研究在安逸中相信自己安顺的人以及那些很少出现死亡或受死亡威胁的环境，并从中得出理论。几乎没有科学家能够说明暗藏死亡的这种环境的威力，能够研究这种环境意义的科学家就更少了。

这种时代结束了。危机的概念使这一想法正当化、合理化，即在危机环境中，领导者和被领导者的心理都会发生重大变化。但是，科学的宗旨要求研究者要将关于领导力的研究应用延伸到危机环境中去，不然，他们将无法研究到士兵、水手、警察、消防队队员、极限运动员，以及其他危机环境下领导的危机责任。而对于那些勇气尚可的研究者来说，这为他们打开了更为广泛的领导力研究空间。

领导力研究者和领导培养者的勇气和韧劲必须与他们的对象相匹配。尤其是领导培养者，他们需要了解危机和危机环境对领导者的特殊要求。作为在艰难危险的岗位上工作的公众服务者，他们应该明白这份工作是独一无二的，并因此获得工作的目标、方向和动力。仅仅现实训练已经远远不够。危机这门课教给我们，**危机现实训练才是领导力学习者获得最大进步的关键。**

我开始研究危机领导力是因为我之前的工作是将领导力教给那些年轻人，而他们会成为军官并要在危机环境中领导军队，这使我觉得学会危机环境中的领导力是一种道德责任。自 2003 年我工作以来，至少已经有 50 个西点军校毕业的学生在战争中牺牲，其中有 20 个是我在那儿任职时的学生。现在，学习和了解危机环境的领导力已经变得比任何时候都要迫切。

☆ 为什么这对领导者至关重要？

学习危机领导力所产生的价值远远超过生死一线时的道德指令。巨大的挑战中不仅能产生伟大的领导者，也能产生深刻的经验教训。在危机中的领导力课程应该是所有领导者的核心课程。如果你能够理解信任的价值，理解与下属分享一切来规避风险的价值，理解放弃个人利益保护团队应对挑战的价值，那么你就可以在其他地方学习剩下的领导力内容了。同样的，商业管理技巧也应建立在危机领导力之上。在现在的美国公司里，我们正试图把领导力原则运用到基本的管理中，把领导力当作提高组织管理效率的一种工具。而这太滞后了。我们需要领导者，因为领导者可以被训练成为管理者，这可比把经理训练成领导者容易得多了。

现在对这一点大家已经有了一定的认识。2005 年，花旗集团全球财富管理中心的一些管理者来到西点军校参加一个领导力的会议，并成功完成了军队的一个领导力障碍课程。后来，2006 年秋季，花旗集团邀请 MBA 学生（也是西点军校毕业生，都至少服役 5 年，有的还仍在服役）到他们的纽约总部。花旗集团的高级领导者们了解**领导者第一、经理人员第二**这种顺序的价值，从而他们希望能有这样的有利条件雇请到这样的人。虽然若要留住他们最优秀的、学历最高的军官，服役问题比较难解决，但显然，这么一个大集团能够认识到管理人员培训应该建立在领导力基础之上，特别是危机领导力基础之上，这种认识本身就是一个极大的有利条件。还有，**危机领导力能极大地保证公司和组织在安全状态下发展。**

危机领导力的很多独特特点也可以在其他情况下进行研究、讲解和运用，这一点在很多人看来十分新奇。然而，这种想法的重要性不在于它的新奇，而在于它的实际可操作性。不论你现在已经是一个领导者，还是动力十足的追随者，抑或只是一个好奇的独立工作者，无论是谁，强大的领导力模式都能在危机环境中保护好其生命安全。

危机领导力的概念是从哪儿来的

只有自我主义者或天才才会因为拥有新奇的想法而沾沾自喜，而更深刻的见解会从人们复杂、自由、愉悦的交往中产生。许多危机领导者的经验、见解和性格，在很大程度上帮助我更好地理解了危机领导力难以捉摸的艺术性和科学性。导师、研究员、同伴、囚犯、游客，他们属于不同的组群，就如同男人和女人，黑人和白人，和平主义者、战士和平民，穆斯林、基督教徒、犹太人等，他们分属不同的人群。尽管人群不同，但每个人群中总有人在生死攸关的环境中，冒着生命危险进行领导，以危机领导力抵抗着环境的不断审判。这些领导者到西点军校参观访问，在黑色黄金领导力论坛里谈论，到行为科学与领导力院系里讨论，耐心地进行电话交流，坦诚地分享他们经历，等等，是所有的这些诞生了危机观念，即危机环境的领导拥有独一无二的特征。

他组织训练、培养充满责任意识、执行能力、创新能力和目标管理能力的“现代罗文”和高绩效团队。

该大型军事体验课程将分别设在中国军事训练基地和美国军事训练基地。

（京）新登字 083 号

图书在版编目（CIP）数据

危机下，领导怎么办/［美］科蒂茨著；路大虎等译．—北京：中国青年出版社，2013.3

ISBN 978-7-5153-1375-7

Ⅰ．①危… Ⅱ①科…②路… Ⅲ．①领导学－研究 Ⅳ．①C933

中国版本图书馆 CIP 数据核字（2012）第 307860 号

中国青年出版社 出版 发行
社址：北京东四 12 条 21 号　　邮政编码：100708
网址：www. cyp. com. cn
责任编辑：刘霜　Liushuangcyp@ yahoo. cn
编辑部电话：（010）57350508
北京中青人出版物发行有限公司
电话：（010）57350517　57350524
三河市君旺印装厂印刷　新华书店经销
700×1000　1/16　14.5 印张　2 插页　200 千字
2013 年 3 月北京第 1 版　2013 年 3 月北京第 1 次印刷
定价：35.00 元

本图书如有任何印装质量问题，请与出版部联系调换
联系电话：（010）57350526